Raute • Runen • Hieroglyphen

PIERRE MARTIN

DIE RAUTE UND IHRE BEDEUTUNG IN DEN SYMBOLSPRACHEN

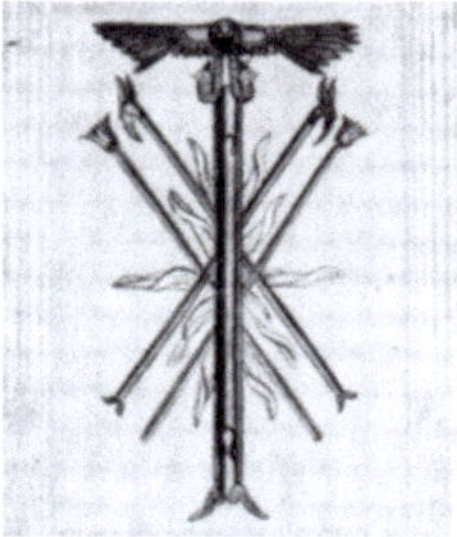

UND ALS TEIL II

DIE RUNEN UND IHRE ENTSPRECHUNGEN IN DEN HIEROGLYPHEN

MIT 36 Z.T. GANZSEITIGEN ABBILDUNGEN

EDITION ORIFLAMME 2018

IMPRESSUM

Pierre Martin: Die Raute und ihre Bedeutung in den Symbol-Sprachen.
Teil II:
Runen und ihre Entsprechungen in den Hieroglyphen.

Illustriert.
Kurztitel : RAUTE – RUNEN – HIEROGLYPHEN

CIP: Deutsche Nationalbibliothek und Schweizerische Nationalbibliothek.

Suchbegriffe:
Alphabet, Geistesgeschichte, Gnosis, Raute, Hieroglyphen, Runen, Symbolik.

ISBN 978-3-907103-04-3

edition.oriflamme@vtxmail.ch

Satz, Buch- und Umschlaggestaltung: Adhoc-Organisation, Basel
Printed in Germany.

Frontispiz zu Teil I : Glasierte Keramikziegel mit Rautenmuster auf dem Chor-Dach des Münsters in Basel (Schweiz). – Frontispiz zu Teil II:Isis mit dem Horus-Kind. Ägyptisches Museum, Kairo.

INHALT

APOLOGIE

Eingangs dieses Buchs scheint uns eine kleine Rechtfertigung angebracht: gibt es nicht bereits mehr als genug Bücher über Symbolik; – ja, mehr als genug Bücher überhaupt? Die Antwort auf diese rhetorische Frage kann nicht ganz einfach JA heißen, sondern nur: «JA – ABER … !» – Das Aber ist nun dieses: Die hier veröffentlichten zwei kleinen Schriften über die Symbolik von Raute, Runen und Hieroglyphen entstanden schon vor mehreren Jahren, und sie sind auch seit mehr als einem Jahr ungedruckt veröffentlicht, und zwar auf einer Internet-Seite, die allen Jüngern der Geisteswissenschaften sehr zu empfehlen ist, da primär ohne kommerzielle Interessen, und für alle Forscher zugänglich. Auf dieser Seite können auch zahlreiche vom Herausgeber Dieses zur Veröffentlichung vorbereitete Arbeiten eingesehen werden, nämlich über folgendes ‹Link›: *http://independent. academia.edu/MPSteiner.* Weil nun die Arbeit über die Raute innerhalb zweier Jahre über 1300 Mal eingesehen, bzw. – oh gräßliches Neudeutsch! – «heruntergeladen» wurde und noch wird, glauben wir, daß sie einem aktuellen Bedürfnis entspricht – und dies ist unsere Rechtfertigung, sie in diesem kleinen Buch zu veröffentlichen.

Der mit dem Ersten verwandte zweite Teil über Entsprechungen von Runen und Hieroglyphen erfreut sich noch keiner ebensolchen Beliebtheit; doch ist das gegenwärtige Buch am besten geeignet, sie zu veröffentlichen; und beide Teile zusammen sind als eine Vertiefung des Büchleins zu betrachten, das wir im Jahr 2010 unter dem Titel: *«Esoterische Symbolik heute … »* heraus brachten[1].
Zwar enthalten auch andere in den letzten Jahren bei Edition Oriflamme veröffentlichte Bücher immer wieder Hinweise zur Symbolik in Bild und Sprache, denn diese Beiden sind das Mark aller esoterisch geisteswissenschaftlichen Literatur, die daher auch im weitesten Sinne ‹Einweihungs-Literatur› genannt werden kann.[2] – Mit dieser Bezeichnung soll aber kein besonderer Nimbus verbunden sein: er will eher darauf hinweisen, daß wir heute in einer Zeit leben, wo verschüttetes altes Suchen und Erkennen wieder an die Oberfläche des kollektiven Bewußtseins einer geistig erwachenden Menschheit drängt – Verstehen, das während langer Zeit auf enge Kreise beschränkt war – oder besser ausgedrückt: Wissen, das während der Zeiten der Verfolgung von ‹Hexen›, ‹Ketzern› und geistigen Orden wie jenes der Tempel-Ritter «in den Untergrund ging», heute aber dank den geistigen Schwingungen, die den ganzen Kosmos erschüttern, wieder ans Tageslicht treten kann.

Dankbar leben wir in einer Zeit, in der es möglich ist, das alte, noch stets lebendige Geistes- und Gedankengut in aller Öffentlichkeit zu verbreiten (möge diese gute Zeit lange dauern!) – und dies ist denn auch das eigentliche Motiv aller Veröffentlichungen im Verlag Edition Oriflamme.

Unsere Bemühungen gelten möglichst originalgetreuen Wiedergaben alter Texte, begleitet von einleuchtenden Bildern und zeitgemäßen Erklärungen aus sprachlicher, historischer und geisteswissenschaftlicher Sicht – besonders bezüglich der transfiguristischen Gnosis und in einer für Jedermann verständlichen Sprache. – All dies hat einerseits den Zweck, die alte Symbolik vor dem Vergessen zu schützen, andererseits den, heutigen Suchern möglichst gute Hilfsmittel für ihren aktuellen spirituellen Weg an die Hand zu geben: Überlieferungen, die in alten Schriften, bzw. in Volksbräuchen, Flurnamen, Bildern und Gebrauchsgegenständen sowie in Ausdrücken regionaler oder lokaler Mundarten überlebt haben, in der oberflächlichen Moderne aber am Aussterben sind. – Symbole und Ausdrücke, die zwar oft besonders bildhaft eindrücklich, heute aber nur noch Wenigen bekannt und geläufig sind – und die in einer nächsten Generation wahrscheinlich ganz vergessen sein werden: plattgewalzt unter der Gleichmacherei institutioneller Sprach- und Denk-Regelung – besonders der globalen Englischen und der europäischen Schriftsprachen, welche die lieben alten Lokal-Dialekte leider weitgehend ausgelöscht haben. Hier Beispiele aufzuzählen ist ganz und gar unnötig, denn diese Feststellung gilt tatsächlich weltweit!

All diese Gegebenheiten also haben uns bewogen und mögen unsere Mühe rechtfertigen, die beiden genannten Schriften zu erweitern und zu verfeinern, und jetzt und hier als kleines Buch herauszubringen, in der Hoffnung, daß es eine weitere Stütze werden möge beim Bestreben, altes Wissen, alte Kenntnis und altes Geistesleben für die neue Zeit in möglichst breiten Schichten zu beleben und lebendig zu erhalten, damit der mit junger Sternenkraft verbundene Aufruf zu spiritueller Wachheit und zur Beseelung wahren Wissens – Gnosis – unter *«allen Menschen guten Willens»* gefördert und erleichtert werde.

Möge dieser Wunsch in breitem Maße in Erfüllung gehen!

Basel, zu Martini 2018

TEIL I

DIE RAUTE UND IHRE
BEDEUTUNG IN DEN
SYMBOLSPRACHEN

«Gott ließ mich das Licht der Eingebung schauen sowie des Aufgangs des Sterns des höheren Wissens – und sagte zu mir:
Im Offensichtlichen und in der Eingebung verberge ich mich Denen, die mit den Schleiern zufrieden sind ... – Wüßten Jene, daß das Symbol und das Mysterium der Dinge in derselben offensichtlichen Klarheit dastehen, so würden sie DEM WEG *folgen.»*

(Ibn Arabi[*])

---

[*] Ibn Arabi, *Las Contemplaciones de los Misterios*; ed. Suad Hakim & Pablo Beneito; Murcia, 2003; – ISBN 84-7564-2659; – vierte Vision. Das kalligraphische Zeichen (Quelle a.a.O.) heißt «Stille»: Das ist der *Vater*, der *Kether* entspricht (dem «*Nicht-etwas*» der Kabbalisten)..

1. ZUR EINFÜHRUNG: SYMBOLIK IST KEIN GEHEIMWISSEN

In keiner Zeit waren Ignoranz, Mittelmäßigkeit und Orientierungslosigkeit so groß wie in der unsrigen – so dramatisch wie heute. In keiner Zeit vor der unsrigen wurden Unwissenheit, Mittelmäßigkeit und Bedeutungslosigkeit so sehr vermehrt, so tief verehrt und … so hoch bezahlt!

Das alte Wissen, die alten Bedeutungen, die heiligen Maße alter Überlieferungsformen wurden durch eine Schar der höchst gestellten Menschen dieser Welt – vorallem während der letzten zwei tausend Jahre – gezielt zugeschüttet verfehmt und gefälscht: Jahrhundertelang wurden die Wissenden durch Feuer und Schwert ausgerottet. In der modernen Zeit werden sie noch gelegentlich mit ‹zivilisierteren› Mitteln kaltgestellt. Daher die grassierende *Rat-losigkeit* unserer Tage: Regierende wie Regierte, Räte wie Beratene wissen keinen sicheren Weg mehr. Indes leben wir derzeit in einer Epoche, die freien Ausdruck und freie Lehre der hohen und höchsten Dinge erlaubt und sogar begünstigt: Das sind die Lichtseiten der totalen Kommunikation im 21. Jahrhundert mit ihren tiefen Schatten geistiger und moralischer Finsternis.

Wer sich jedoch bewußt die Mühe nimmt, das alte Wissen wieder zu finden; – wer sich *mit eigenen Organen und Sinnen* in diese reiche Landschaft hinaus wagt, Schritt vor Schritt, wird bald wieder mit seinen Augen zu sehen, mit seinen Ohren zu hören beginnen und wird *überschauen*, was den Reichtum der Symbolgeschichte der Menschheit ausmacht, und welche Dynamik es ist, die diesen Schatz versenkt hat und wie ein giftiger Drache bewacht.

Allein muß der Schatz wieder gehoben, Stück für Stück durch den Menschen von heute wieder zugänglich und anwendbar gemacht werden. In diesem Sinne sei diese kleine Betrachtung über die *Raute* als kleiner Begleiter auf großer Wanderung verstanden. Möge sie den Lesern den so sehr erwünschten Nutzen bringen!

2. DIE RAUTE ALS ‹SILBE› DER SYMBOLSPRACHEN

(Deutsch: *Raute, Rhombus, Spindel, Wecke; Französisch: Rhombe, Lozange, Fuseau;* Englisch: *Rhombus, Lozenge*; Ital. *ruta, rombo*).

Die Raute findet sich einzeln und in ornamentalen Mustern an vielen Orten, und zwar seit den Anfängen menschlichen *Zeichen-Ausdrucks* ebenso oft, wie Kreuz, Kreis, Dreieck und Quadrat. Man könnte sie grundsätzlich definieren als ein gequetschtes Quadrat, das meistens auf einem seiner spitzen Winkel senkrecht steht – nur selten schief. Spezialfälle der Raute – geometrisch exakt definiert ein *«auf der Spitze stehendes gleichseitiges Parallelogramm»* – sind erstens die extrem schlanke Raute (Spindel, siehe unten), die vorallem in der Heraldik auch quer, also auf einem der stumpfen Winkel liegen kann; zweitens die Raute, deren Diagonalen *vier pythagoräische Dreiecke* entstehen lassen (sterisch ein Oktaeder), sowie das auf einer seiner Ecken stehende Quadrat (sterisch ein Würfel, auch im Ikosaeder). Flächig gesehen besteht die Raute aus zwei gleichseitigen kongruenten Dreiecken (△ + ▽, siehe Abb. 4), dem Feuer- und dem Wasserdreieck. Die so entstandene Raute bildet ein Drittel des regelmäßigen Sechsecks ⬣ oder ✡. Zugleich ist sie eine *doppelte Trias – doppelte Trinität* (der brahmanische Hinduismus kannte eine männliche und eine weibliche kosmische Drei-Einigkeit).

Die Raute kann auch für die Vier Elemente stehen, besonders, wenn sie von den Diagonalen durchkreuzt wird: ⟡ (siehe Abb. 36). Damit rückt sie in die Nähe des ‹Tetragrammaton› – יהוה, auch *Jahwe* ausgesprochen[3]: Das hebräische ‹Jod›, י, steht fürs ‹Vater-Feuer›; הוה wird dann zum mütterlichen ‹Wasser› – und zwar so: Latinisch *aqua*, provenzalisch *aigo,* spanisch *agua,* toscanisch *ahua* bedeutet *Wasser* – und so sehen wir in der *Vierheit des Rhombus* zugleich seine Zweiheit: die Zweiheit des Oben und Unten, und die Zweiheit der wichtigsten Elemente in יהוה: י = *J-* fürs *Feuer*, *-ahwa* für *Wasser.* Dabei spielt es nun keine Rolle mehr, ob der Laut **H** (ה)zum ersten oder zum zweiten Teil von יהוה gezählt wird (der gesprochenen Sprache ist **H** = **S**): In beiden Fällen liegt *phonetisch* – und allein darauf kommt es an – in der *Mitte* des Worts das **H** der Hauch des Geistes, das griechische *èta* für *ηρ* = *èr* = *Luft*). Dieses **H** – Hieroglyphe für den Geist ebenso wie S (Sonne, Spiritus) – zeigen auch romanische und gotische Kathedralen (Abb.32). Und da schon von Kathedralen die Rede ist, so sei auch erwähnt, daß manche Sakralbauten durch ganz Europa hin mit bunt glasierten Ziegeln bedeckt sind, die (die Dachdeckerei bietet dies aus sich selbst an) als Rhomben angeordnet sind (Abb. 31).

Es wäre nun schade, hier nicht auch noch auf folgenden Zusammenhang hinzuweisen: Kabbalistisch besteht das Tetragrammaton יהוה aus י (J = ADAM KADMON, ADAM PROTOGENOS) und הוה, das ist die germanische HEBE, die biblische EVA. So werden – wie im Mythos von Hiram mit dem Gläsernen Meer und in der operativen Alchemie – Feuer und Wasser durch den ‹Heiligen Geist› – **H** – im übersinnlichen *Hieros Gamos* zum *‹grünen›*, d.h. *lebendig* erfahrbaren und *wirksamen Körper* (Vitriol) verbunden: Das ist die bekannte Be-Geist-erung› des Fleisches , bzw. die Fleischwerdung des Geistes (Abb. 5).

Bei allen gezeichneten oder auf Tüchern, Teppichen, Wänden etc. integrierten Symbolen (Abb.7 und 8) ist allgemein zu beachten, daß man die Figur – je nach Kontext und Umfeld – gleichzeitig zwei- und dreidimensional, statisch oder in Bewegung ‹sehen› sollte. Eine Raute ist also zugleich ein Rahmen, eine Fläche, eine Öffnung, ein Kreisel in Drehung um seine Längsachse, oder auch ein Kristall: also ein *Baustein*, und – als Oktaeder gesehen – ein *Diamant*, dessen Kristallstruktur der Oktaeder ist (→ Abb. 36). In der *Wassermann-Genesis*[4] spielt die Raute in ihren verschiedenen Aspekten – zwei-, drei und mehrdimensional – eine wichtige, beinah zentrale Rolle als Mutter aller Manifestationen der elementaren Schöpfung. – Die *Wassermann-Genesis* sagt dazu:

> *«Die RAUTE ... ist also das Symbol der im Anbeginn noch ganz geistigen, unvermischten und daher unmanifestierten Vier Elemente in vollkommener Einheit des Oben mit dem Unten, des Innen mit dem Außen; und sie liegt auch der heutigen Welt noch immer als ein bewahrtes und bewahrendes mütterliches Potential zugrunde (das daoistische DE) ...*
>
> *«Auch diese Verhältnisse lassen sich im Licht der heutigen Zustände in unserer Welt verstehen: So wie in den manifestierten Dingen der Formenwelt □ das Lichtkreuz ✕ auf ewig als Kern und Keim enthalten bleibt, so bleibt auch das Materiekreuz + auf ewig vom göttlichen «So-oben-wie-unten» der hermetischen Raute ◇ umfangen und als ein ewig Göttliches geborgen. – Da wird es von archaisch alchimischem Feuer △ und Wasser ▽ umströmt und beseelt, die in ihrer Vereinigung «im Anfang» als «Æsch-Majim» – Feuer-Wasser – die Raute – den Rhombus ◇ – ‹formten›». –*

Und einige Seiten weiter, ebenda:

> *«So wird (dem Sucher) sein Weg zurück klar; – so wird in ihm selbst das Licht leuchten; – so „kommt der Geist ins Fleisch“. – Sein jetzt durch sieben Schleier wie in eine Puppe eingesponnenes Bewußtsein wird er befreien, damit das reine Licht wieder leuchten kann. Dann umhüllt ihn, das Elemente-*

Kreuz, die Raute wieder als reines Urlicht-Kleid, wie es im Anfang war» (siehe Abb.37).

❋

Diese hermetische Einordnung gilt selbstverständlich – *mutatis mutandis* – nicht nur für die RAUTE, sondern für jedes symbolische Zeichen – von den antiken Mysterienspielen bis hin zu den modernen Leitzeichen für Passagiere auf internationalen Flughäfen. Damit ist ein Fächer von Ausdrucksmöglichkeiten angedeutet, wovon der gewöhnliche Mensch kaum etwas ahnt. – Außerordentlich selten aber sind jene Menschen, welche die unzähligen Symbole, denen wir jederzeit und überall begegnen, *stets bewußt wahrnehmen* und mit der Umgebung, worin sie stehen, *bewußt verknüpfen.* Denn dies sei deutlich betont: Symbole sind auch dann aktiv, wenn sie unbewußt oder ungewollt erzeugt oder benutzt werden, bzw. ‹zufällig› entstehen oder in der Natur (Pflanzen, Minerale, Tiere, Himmel etc.) vorkommen, denn *«es gibt keinen Zufall».* – Deutlicher ausgedrückt: Jedes Symbol hat seine inhärente Dynamik: ein eigenes Bewußtsein sozusagen.

Und nochmals anders ausgedrückt: Jedes Symbol übt die ihm zugehörigen Wirkungen auch dann bleibend aus, wenn niemand sie *wahr-nimmt.* Dabei muß man wissen, daß ein Symbol grundsätzlich *in alle Richtungen* wirken kann – je nach dem Kontext, und natürlich je nach der inneren Orientierung und der gezielten (*bewußten!)* Absicht worin es in Gedanken, Gebärden oder Stoff geformt wird. ‹Gute› und ‹böse› Wirkungen wohnen jedem Symbol inne: *Der Anwender muß bewußt wählen* – er *muß* zwischen Licht und Finsternis *ent-scheiden* und auch die Verantwortung für diese Wahl tragen!

Gerade in der heutigen Zeit des so dramatischen Mangels an Bewußtsein kommt es nicht selten vor, daß ein Symbol *pervertiert* wird – das heißt: daß seine ursprüngliche helfende, heilende oder erleuchtende Wirkung durch *verkehrte* Anwendung *umgekehrt* – *pervertiert* – und dadurch zum Diener einer schädigenden, krank machenden oder verfinsternden Dynamik wird. – Ein typisches Beispiel dafür ist das ‹Lateinische Kreuz›: ✝.

Um es in einer heute veralteten Sprache auszudrücken, die den Symbolen jedoch zeitlos zugehörig ist: Engel und Dämonen wohnen sehr nahe bei einander. Am *intelligent denkenden Menschen* liegt es, zu *unterscheiden*, welche Geister er herbei ruft, in welchem

Sinne er die magische Sprache und Kraft der Symbole benutzt, und *welchem Herrn* er oder sie mithin wirklich dient.

All dies wird der vorurteilslose Leser der folgenden Seiten mit Vorteil in Betracht ziehen. Die Auswahl der hier angebotenen Erklärungen ist auf die wichtigsten Gebiete und die häufigsten Interpretationen beschränkt. Sie muß auch schon deshalb ganz unvollständig sein, weil die Interpretation jeden Betrachters ihre eigene Färbung hat und auch haben muß. Dem Leser mögen die nachfolgenden Erklärungen dennoch einige Fenster öffnen, deren Ausblick ihn einladen soll, selbst die gesamte Landschaft zu erforschen und zu entdecken – zu erwandern und zu *erfahren.* Er soll selbst in die Welt der Symbolik eintauchen – in diese klassische Überlieferungsform des ‹Geheimwissens›, auch *Okkultismus* genannt – ein Ausdruck für die Erforschung der verborgenen Dinge, der a priori *jede Wertung ausschließt.* Das mag im ersten Moment schwierig erscheinen. Es gibt jedoch eigentlich gar kein geheimes, kein ‹heimliches Wissen›. Es gibt aber sehr viel institutionell *verheimlichtes Wissen,* und daraus folgt – in der heutigen Zeit rasant zunehmend – eine *unheimliche Unwissenheit*!

Ergänzend sei noch angemerkt: Besonders in der Symbolik sind offenbare Widersprüche nicht selten. Das muß so sein, weil ja jedes Ding im Universum immer auch sein eigenes Gegenteil in sich trägt und manchmal eben auch manifestiert. Wenn der Leser also im Folgenden einen offenbaren Widerspruch ‹entdeckt›, so ist es gut, diesen vorerst nicht zu ‹korrigieren›, sondern sich als Erstes zu fragen: *«Wie wäre die Sache zu betrachten, wie dieses Wort zu verstehen, damit der Widerspruch oder ‹Fehler› verschwindet?»* – Damit kann man manches ‹Wunder› erleben (vgl. Abb. 16!).

3. Die Raute in der Heraldik

Eine eigentliche Einführung in die Bedeutung und die *Grundlagen der Heraldik*, so wünschenswert sie auch wäre, muß hier unterbleiben. Statt dessen sei hier eines der besten uns bekannten Bücher zu diesem Thema empfohlen: J.P. Reinhards *Vollständige Wappenkunst* (Nürnberg 1747).

Dieses Büchlein von nur etwa 200 Duodez-Seiten ist von größter Systematik und Klarheit, einfach in der Sprache, übersichtlich, erläutert alle gebräuchlichen heraldischen Ausdrücke auf Deutsch, Französisch und Lateinisch, und liefert auf angehängten Tafeln in Kupferdruck in vorbildlicher Weise die Illustrationen zum Text.

Das ist deshalb erheblich, weil die Heraldik eigentlich nur im Französischen – ihrer Ursprungs-Sprache – ihren ganzen Reichtum entfaltet, und a priori alle heraldischen Farben durch Schwarz-Weiß-Schraffuren charakterisiert. Dies ist im unkolorierten Kupferdruck wichtig, aber auch in der Bildhauerei, auf alten Bauwerken und Statuen: Malerei verwittert – Struktur bleibt. In der ‹französischen› Sprache – der ‹Sprache der Diplomaten› – wurden Wappen, Helmzierden und Kronen ursprünglich «blasonniert» oder «ausgesungen». Die deutschen Ausdrücke *Herold* und *Heroldskunst* (engl. *Heraldry*) für *Heraldik* tragen diesem Umstand noch Rechnung. Bei Hofe war der Herold der höchste Eingeweihte und Wächter von Sprache, Symbolik und Tradition.[5]

Statt *«Französisch»* müßte man eigentlich *«Occitanisch»* sagen: das ist die alte hermetische Sprache des *Westens*, abgeleitet von der Ursprache rund ums Mittelmeer: dem *Pelasgischen*. Das war auch die Mutter der hellenischen Dialekte: Ihrer bedienten sich in der Frühzeit alle gebildeten, eingeweihten und hochstehenden Menschen (das war damals noch dasselbe!), von Palästina über die Türkei und Griechenland bis Gibraltar, Nordafrika, Libyen, Ägypten – das Alte ‹Arabien› und Britannien eingeschlossen. Das Occitanische war also sozusagen eine Sammelsprache, ein europäisch-arabisches Esperanto, dessen Spuren wir bei *Dante* und *Erasmus von Rotterdam* ebenso wiederfinden wie bei den Schweizer Offizieren in fremden Diensten; bei den *Corsaren* von *Corsica* wie bei den wandernden Mönchen; – kurz: im ganzen weiten sogenannten Keltengebiet. Darum gab es im Occitanischen (*Langue d'Og* – Sprache der Götter, nach dem keltisch-indischen Gott *OG* – und *Langue d'Oc – Sprache der [heiligen Mutter-] Gans*) häufig mehrere völlig verschiedene Ausdrücke für dasselbe Ding. Mit aus diesem Grund erscheint die Raute in der Heraldik unter verschiedenen Stichworten. Das *Französische* aber ist die nach der Besetzung und Vergewaltigung des Languedoc durchs katholische Königtum (unter mancherlei Todesstrafen!) der Bevölkerung wie zur Zeit von Julius Cæsar aufgezwungene ‹moderne› Sprache (*Langue d'Oïl*), durch deren systematische Verarmung heute ganz Frankreich der geistigen Taubheit, nationalistischer Stumpfheit, zunehmendem Analphabetismus und selbstgefälliger Bildungslosigkeit anheim fällt – ein hinter den Kulissen generierter und geförderter trüber Prozeß.

⁂

Aus dem genannten Werk von Reinhard sei gekürzt aber unverändert zitiert {in geschweiften Klammern die Bemerkungen des Hrsg.}:

RAUTE – § 100:
Ein geschobenes Viereck oder Würfel heist eine Raute (rhombus, *lozange*, ...). Bisweilen erscheinet in einem Schilde nur eine Raute, bisweilen mehrere, und werden alsdenn verschiedentlich gesetzt {z.B. im *Haupt* des Schilds, am *Grund* des Schilds, mittig quer ‹en Fasce›, rechts oder links (diagonal) *‹geschnitten›*, senkrecht als *‹Pfahl›*}. Bisweilen ist der ganze Schild damit angefüllet, welcher alsdenn gerautet (*rhombatum*, *lozangé*, ...) {und auch noch *geweckt*, siehe unten} genennt wird.
An und vor sich müssen die Rauten unter die Figuren gerechnet werden {alles was auf dem Schild außerhalb der Tincturen (Farben) und Teilungen erscheint, heißt Figur – vom Balken zum Baum, Stern, Löwen u.s.f.}.
Mit den gerauteten Schilden verhält es sich wie mit den geschachteten {d.h. im Schachbrett-Muster, zwei- oder mehrfarbig, gerade stehend oder diagonal verlaufend.}.

§ 101:
Die Rauten können von allen Tincturen gemacht werden. Bißweilen sind sie damascirt {d.h. mit heraldischen oder nur ornamentalen Mustern gefüllt, wie die berühmte *Damast*-Seide oder *Damaszener*-Klingen}, bordirt, geschachtet u.s.w. welche Wörter nunmehro aus dem obigen sattsam bekannt sind.{also auch *gerautet* mit abwechselnden Tinkturen – z.B.: *Von Rot und Silber geschachtet gerautet*; siehe Abb. 30}

§102:
Eine längliche {d.h. überproportional hohe oder breite} Raute heist in der Wappen-Kunst eine Spindel, ein Weck (lat. *fusus*, *cuneus* {Keil}, franz. *fuseau* {Spindel}, *fusse, ...*). Diese nehmen wie die Rauten nur einen Theil des Schildes ein, oder bedecken ihn ganz {siehe § 100}. Dergleichen Schilde heißen geweckte (*scutum fusis sectum*, *fuselé*).
Von den geweckten Schilden ist wieder zu merken, was im § 100. obs. von den gerauteten gesagt worden ist.

§ 103:
Ordentlicher weise stehen die Wecken gerade in die höhe, auf einer ihrer spitzigsten Ecken. Bisweilen aber liegen sie schräg. Übrigens gilt von ihnen alles, was § 101. von den Rauten gesagt worden ist {siehe Abb. 30}.

So weit das Buch von Reinhard über die *Raute.* – Ein weiteres, ebenso übersichtliches, doppelt so umfangreiches aber deshalb nicht besseres französisches Heraldik-Buch ist dieses: Le Comte Alphonse O'Kelly de Galway: *Dictionnaire de la Science du Blason.* – Bergerac, 1901. Daraus sei betreffs der RAUTE gekürzt übersetzt zitiert:

> FUSEAU/FUSÉE (deutsch: SPINDEL):
> *Kleines, auf der einen Seite zugespitztes, auf der anderen abgerundetes Holz-Instrument, womit die Frauen mit dem Spinnroggen spinnen* {eine häufige Metapher in der Alchemie; daher auch die Kunkel als bildliche Metapher im Großen Werk und im Märchen. Dasselbe gilt an anderem Ort des Großen Werks der Alchemie für die Raute selbst, bzw. für die ‹geweckte› Oberfläche:
> «*Auf den Gräbern symbolisiert* (die Spindel) *die Familien-Mutter* {*lateinisch: Mater Familias oder Matrona, von Mater thronans – Beherrscherin und Wurzel der Familie*» (siehe unten).[6]}
>
> «FUSÉE (deutsche Bedeutungen siehe unten)
>
> *Gemäß mehreren Autoren abgeleitet von fuseau – Spindel – welche die Frauen benutzen. Diese Deutung (sagt man) begründe die Darstellung dieses Instruments auf den Wappen der Tuchmacher* {in Wirklichkeit wohl eher umgekehrt: Die Tuchmacher werden diese *heraldische Figur* benutzt haben, *weil* sie so genannt wird}.
> *«M. Wilson de la Colombière sagt, sie sei das Emblem der Handfertigkeit/Geradheit/Ehrlichkeit* (*droiture*)*, der Vorsicht und der Gerechtigkeit. Sie bezeichnet ebenfalls Jene, die viele Güter angehäuft haben, und die reich geworden sind durch ehrliche Mittel».*

Reichtum bringt Überfluß – franz. *profusion.* Dieses Wort ist mit der sprühenden *Feuerwerks-Rakete – fusée* – verbunden: Die Heraldik ist eine durchwegs ‹cabalistische› Kunst, d.h. sie lebt von sprachlichen Assonanzen, Alliterationen, Allonymen etc.; daher ist sie die *vollständigste aller Symbolsprachen in Wort und Bild.* Das französische Wort *‹fusée›* bedeutete bereits im Mittelalter *Raketengeschoß.* Die *Zeitverschiebung* verläuft entlang der Meridiane; das sind *Mandorla-förmige ‹Spindeln – fusées de temps›*; und auch jene *Spindel* heißt so, worauf beim Aufziehen der Uhr die Uhrkette aufgewickelt wird. – Die Bedeutung *‹Wohlstand›* (und wohl auch jene von

‹Abwehr böser Einflüsse› dürften Gründe sein, weshalb so viele *Türfüllungen* u.dgl. noch bis Mitte des 20. Jahrhunderts mit einer Raute *belegt* – ‹verziert› – wurden (Abb. 7)}.

FUSELÉ (deutsch: GESPINDELT; ungenau auch *gerautet*, *geweckt*): «*Man gibt diesen Namen einem mit abwechselnd gefärbten Wecken bedeckten (geweckten) Schild. Es {dieses Muster} wird gebildet durch sich überkreuzende Diagonallinien* { Gitterlinien oder ein einzelnes *Andreaskreuz*}. – Derart angeordnete Figuren, z.B. Schwerter, heißen *en sautoir*» (Abb. 21 und 30.3).

LOSANGE: *«Figur mit den Proportionen eines Rhombus in der Geometrie, der aus vier gleichen Seiten besteht und auf einer seiner spitzen Ecken steht.*
«Man glaubt, das Wort LOSANGE *sei vom italienischen* LOSA *abgeleitet, das einen behauenen Stein mit spitzen Ecken bedeutet. Aber diese Meinung wurde durch J. Scaliger* {lateinischer Autor des 16. Jh.} *bestritten, der vorgibt, sie sei so geheißen* quasi laurengia, *weil sie etwas von der Form eines Lorbeerblattes hat.*
«Die Rauten stellen Carreaux *dar*; *– das waren ursprünglich die viereckigen Blätter der Pfeile zur Zeit von Heinrich IV. – D'Aubignet verwendet den Namen* Carreaux *für Pistolen-Kugeln, wahrscheinlich weil diese Kugeln (balles) viereckig waren»* {!? – wohl eher aus alter Gewohnheit, vom *Armbrustpfeil* her, dessen Körper im größten Querschnitt *quasi-quadratisch, mit auslaufenden Ecken* (ein Kreuz ✕ !) bildete. – Auch kleine Vierecke oder *Quadrätchen*, Keramikplättchen an Boden oder Wand sowie die Fensterscheiben heißen französisch *carreaux*}. – Weiter:

«Das KARO *der Spielkarten stellt die Spitze eines großen Pfeils dar, wie sie durch die bewaffneten Truppen verwendet wurden»* {vgl. die Wurfspeere in ‹historischen› Filmen wie *Ben Hur*}. *In seinem Codex «Wapenbœk»* {*Waffen* und *Wappen* sind dasselbe Wort} *nennt der Waffenherold* Gelre *die Rauten* ruyten – also Quadrätchen {Heutiges Holländisch: *ruit* = wie Französisch: *Fensterscheibe, Quadrat, Rhombus, Karo* (auch bei Karten). Dem entsprechend holländisch *ruiten* = *kariert, mit Karo-Muster, gerautet.* – Interessantes Detail: ein *Reiter* (jede deutsche Bedeutung) heißt im Holländischen *ruiter*: Die Kavallerie-Truppen (= *Reiterei*) pflegten sich zur Schlacht oder zur Parade oft *im Karo* (*en ruit*) zu formieren, was mithin eine symbolische, d.h. *magische* Bedeutung erhält.}

Und weiter bei O'Kelly de Galway:

«Man darf also behaupten, die Raute sei sehr wohl das Quadrat oder das quadratische Stück von Metall, womit das Ende der Kriegspfeile bestückt wurde». –

Und ebenfalls noch bei O'Kelly:

«Was diese letzte Bedeutung bestätigt, die von einem Zeitgenossen aus der Ritterschaft stammt, das ist das Wappen des Hauses Houchin: *von Silber, mit drei schwarzen Rauten, und als Helmzier zwei (Wurf-)Speere*, deren Spitzen *Rauten* {bzw. Oktaeder} *sind – also wirklich echte* Carreaux *oder Lanzen-Eisen».*
So weit Comte Alphonse.

Hier drängt sich ein inter-symbolischer Excursus auf:
Javelot heißt *Wurfspeer*; – anders gesagt: *fers de javelots* sind *fers de lance*, denn das Wort *Lanze* kommt von *lancer*, ital. *lanciare* = *werfen*; – aber italien. *lanciata* ist ein *Lanzenstich* – und die Wunde davon wird in der mittelalterlichen Ikonographie gerne als spitze Raute (‹Spindel›) – also *lanzettlich* – dargestellt. Diese *lanzettliche* WUNDE, verursacht durch das lanzettliche oder octaedrische *‹carreau›* der Pfeilspitze oder Speerspitze, entspricht wiederum der *Mandorla*-förmigen *Vagina*, die wir bei der Gottesmutter und beim (Venus-betonten) ‹Sohn› oder Christus als Umrahmung begegnen – und besonders bei der Wunde Jesu durch den Longhinus-Speer (siehe Abb. 16A).

Aber weiter mit O'Kelly de Galway:

LOSANGÉ:

«Ausdruck, der anzeigt, daß das Feld {Grundfläche} eines Schilds von Rauten abwechselnder Farbe bedeckt ist». Das Losangé {als ‹Muster›} *«besteht aus diagonalen Strichen, die sich kreuzen ... »* {siehe Abb. 21-23 und 30 sowie Zusatzbemerkung unter *fuselé*}.

Im Extremfall könnte also auch ein auf einer Spitze stehendes *Quadrat* als *Raute* gelten (Damenschild, Abb. 29.4); doch wäre dabei sofort die Andeutung des darin enthaltenen *Kreuzes* mit zu berücksichtigen: Alle Symbole *können stets, müssen aber nicht*, vielschichtig sein – gerade wegen der verschiedenen sprachlichen Assonanzen usw. wozu sie Anlaß geben können. (man beachte also beim Blasonieren immer *besonders* das Französische!), was folglich oft zu ‹Irrtum› bzw. Diskutierbarkeit fast jeder Lesung fast aller Symbole Anlaß geben kann.

Ein hübsches Beispiel wäre hier das französische Wappen der Familie Adhémar (Drôme Provençale), das zu lesen wäre als:

«Geteilt von Altfranzösisch {Azur mit goldenen Lilien – sog. fleur-delysé} und Occitanisch, mit einem Herzschild ‹sur le tout› ‹von Gold, mit drei links-schrägen blauen Bändern (d.h. von links oben nach rechts unten)», wobei der linke, ‹occitanische› Teil wie *gerautet* aussieht – was zu den Adhémars (anhäufen vieler Güter) sehr gut paßt. – Rechts und Links sind übrigens in der Heraldik immer aus der *Sicht des Trägers des Schilds* zu verstehen: – So ist von den drei West-Portalen einer Kathedrale das südliche das ‹Linke›, das nördliche das ‹Rechte› – und das wiederum paßt zur Sprache der *Heiligen Geographie*: rechts ist ‹gut› belegt, links ‹böse› …

Schließlich sei noch angemerkt, daß der *rautenförmige – also quadratische oder rhombische Schild* – der *Damen-Schild* – oft nicht in Form eines echten Schilds getragen wurde, sondern – passender für eine Dame von Hofe – als seidenes oder samtenes (gelegentlich auch rundes etc.) *Kissen*, ebenfalls *carreau* genannt: *bestickt*, oder *bestückt* mit Appliken aus Stoff, Pelz, etc.

4. DIE RAUTE IN DEN RUNEN

Die Raute kommt in zwei Runen vor. Wir zitieren (leicht angepaßt) aus Teil II des gegenwärtigen Buchs:

◇ INGWAZ

Das Element Erde: 🜃

Als Ur-Symbol: Kreis, Oval, Mandorla (Runen sind nur aus geraden Linien zusammengesetzt); – das ist die mittelbar (in ihren Formoffenbarungen) sich manifestierende göttliche Einheit – der ‹Kreis der Natur› die Gebärfähigkeit. Ein typisches Beispiel ist der in der Mandorla thronende Christus: das durch menschliche Geburt fleischgewordene Wort (vgl. Abb. 13) …

In der Alchemie:

Terra Mater; ‹Prima Materia› in deren Urform: ♁; bzw. männlich □+, ✠ (‹Tartaros›).

Geistige Einkehr, schöpferische Pause, Besinnung, Geduld, Meditation in der Stille; Öffnung, Rezeptivität, Reifung, Gestation, Gärung (Nicht aber Fäulung!); innerlich dynamische Ruhe, Bewußtwerdung. Keltisch *Ing = griech. Gyn-: γ = Tochter / Weib.*

IM TAROT erscheint INGWAZ in ARCANUM IX, DER EREMIT – das heißt: *«In der Welt, nicht von der Welt»* – der Weg *vom gewöhnli-*

chen Tagbewußtsein in die Tiefe von Meditation und Intuition – und so erneuert wieder empor ins Bewußtsein. – Der EREMIT trägt eine *Laterne* mit Andreaskreuz oder Raute(n) als ‹Scheibengitter›.

Hieroglyphische Entsprechungen siehe Kapitel 11.

ᛟ OTHALA (O, Ω)

Ahnenerbe, Überlieferung, Traditionen, Wurzeln einer Familie oder eines Volkes, Besitz, heimischer Herd, gemeinsames (kollektives) Wohlbefinden, Konsolidierung, Blut und Boden, Acker, immobiles Gut, Gesetz-in-Freiheit:

OT = OD = Universelle Ursubstanz, Ur-Mutter (‹Materia Prima› und *Prima Mater Ea*) in ihrer dynamischen Form – nach Genesis: der *‹Geist Gottes› = ‹Atem Gottes›* (*Ruach Elohim*), – in der Vorstufe zur *ersten Kondensierung* auch *Chaos* genannt, und *feuchte Ursubstanz* (*Corpus Hermeticum!*). Das Chaos enthält die Tugenden und Kräfte aller Elemente, in ‹idealer Unordnung› vermischt, also *vollkommen* ununterscheidbar – in *Einheit*: das *Ur-Ei, die Null.*

HALA = *Halle* (z.B. in WAL-HAL[L]A), Gewölbe. Aber der Stamm *hal* steht auch fürs *Licht* (arab. هل – *hèl*; Stamm zu ^{c}*ελιος* – *Helios,* hebr. *El = Sonne*), und *Lebensatem* (franz. *haleine*). – Daneben steht das griechische ^{c}*αλς,* ^{c}*αλος* – *hals, halós – Salz*, lat. *sal*, franz. *sel*, womit erneut H = S und *hal = hel* wird (→ Neues Testament: Mt. 5:13 ff. und Parallelstellen; Thomas-Evangelium). Die *Hölle* wird so zur *Schwelle*, analog zu franz. *seuil.*

OTHALA als Symbol-Element gleicht dem aufrecht stehenden Mercur ☿, ehe er durchs Materie-Kreuz dominiert wird (nochmals: Runen sind *nur aus geraden Linien zusammengesetzt*!). Das *‹Deutsche Ahnenerbe›* im 3. Reich trug als Zeichen eine zur Mandorla abgerundete Rune OTHALA über einem senkrecht stehenden Schwert (Abb. 35). – OTHALA ist also auch ein halber Caducäus und ein kopfstehendes *Stierzeichen* ♉: solares Erd- und Fruchtbarkeitssymbol par excellence. Dasselbe Symbol zeigt die Darstellung der ägyptischen Göttin HAT-HOR: (römisch: VENUS, hellenisch: ARTEMIS). Sie trägt auf ihrem Kopf die Sonnenscheibe zwischen zwei Kuh-Hörnern (= Mond),  also wirklich eine – man *höre* das gut! – *auf dem Kopf stehende* Rune ‹Othala›.

Zur Entsprechungen der Rune Othala mit den Hieroglyphen Ägyptens siehe Kapitel 11 und folgende hiernach.

OTHALA kann auch als die *(Ur-)Mutter* gesehen werden – reduziert auf das weibliche Geschlecht mit zwei gespreizten Beinen darunter – so, wie man sie an der Westfassade der frühgotischen Kirche von Garde Adhémar (Drôme Provençale) als Hochrelief noch bis vor Kurzem in 5 m Höhe sehen konnte. Inzwischen wurde sie leider abgeschlagen.

‹INGWAZ› als Figur ist also eine reine Raute; ‹OTHALA› aber eine Raute, deren untere Kanten übers Kreuz nach unten verlängert (gespiegelt) sind – das ist also eine auf zwei ‹Beinen› d.h. auf einem *‹Sparren›* stehende Raute: *‹Sparren› = chevron* ist ein heraldischer Ausdruck für eine Figur in der Form eines A ohne Querstrich (heute in Logo's von Zugeneigten einer neuen Weltordnung), oder – anders gesehen – ein auf einem Andreaskreuz stehender Sparren.

«Was zu Beginn der Arischen Epoche getan werden mußte, das mußte und muß zu Beginn jeder neuen Menschheits-Epoche wieder getan werden: Das unsichtbare Netz wissender Menschen, welche im Bewußtsein und in der inneren Kenntnis der Verbundenheit im Geist – in jener ursprünglichen, ‹unerschaffenen Urkraft›, die niemand zu nennen noch zu kennen vermag – mit einander verbunden sind, muß stets von Grund auf neu aufgebaut bzw. aus seinen Relikten wieder zusammengefügt werden, wie das die Maschen eines Netzes anzeigen: die Raute als Rune OTHALA ....»[7]

Zum Schluß dieses Kapitels sei noch kurz angemerkt, daß das griechische Omega – **Ω** – nicht nur denselben Vokal bezeichnet wie „Othala", sondern auch dieselbe Glyphe (‹Matrix›) – mit demselben ‹anatomischen Hinweis› auf die Muttergöttin.

5. DIE RAUTE IM TAROT

(Buchempfehlung: J.-L. Victor: *Le Tarot des Templiers.* – Paris, 1996).

Die ursprünglichen 22 ‹Großen Arcana› im Tarot enthalten bekanntlich die Elemente sämtlicher Gebiete esoterischer Überlieferungen und Symbolsprachen und drücken diese auf allen Ebenen aus (Mythologie, Hieroglyphen, Runen, Kabbala, Numerologie, Astrologie etc.). Die Raute erscheint zwar nicht unter den Großen Arcana, aber dafür mehrfach in den kleinen.

In den meisten Kartenspielen der Welt stehen für die Werte 2 bis 9 in den vier Kartenecken jeweils kleine Symbole so, daß man den Wert immer erkennen kann, auch wenn im Fächer die Karte symmetrisch ist oder ‹auf dem Kopf steht›. In der *Kartomantie* hat dieses ‹Kopfstehen› seine eigene Bedeutung. In den kleinen Arkanen des Tarot stehen die Zahlen-Figuren selbst schon in einer symmetrisch gespiegelten Anordnung, während die Großen Arkane eine *Enzyklopädie der Symbolik* darstellen.

Gemäß einer anderen Quelle den *Tarot* betreffend kommen die *Karo's* der Spielkarten von den *Lanzen-Eisen* – insbesondere von der Spitze der *Graals-Lanze.* Die vier symbolischen ‹Geräte› der Graals-Tradition sind *Graal* (*‹cup›*), *Lanze* (*‹staffs›*), *Schwert* (*‹spade›*), *Tailover* (*‹coins›*). Ihnen entsprechen nach anderen Autoren bei den französischen Spielkarten: *Herz* für den *Graal*, *‹Pique›* für die *Lanze (Pike)*, *Kreuz* für *Schwerter*, *Carreau* für den *Tailover.* – Das Wort *‹treffle – Kleeblatt* für *‹Kreuz›*, lat. *trifolium,* entstammt wahrscheinlich der keltischen ‹dreigesichtigen› Muttergöttin DANA: Das *grüne dreiblätterige Kleeblatt*, womit sie symbolisiert wurde, findet sich noch heute in Irland – und im ‹Dreipaß› der gotischen Kathedralen. Besonders bemerkenswert ist solch ein (doppeltes) *Trifolium* auf einem Grabstein aus *schwarzem Basalt* am Boden einer Ecke des Kreuzgangs der Kathedrale von Tarragona (Abb. 10). – Die Benennung als *‹Kreuz›* für *‹Treff›* – Verdeutschung des französischen *treffle* (*Kleeblatt*) – ist wohl eine Christianisierung dieses ‹heidnischen› *Kleeblatts.*

Ein als «deutsch» bezeichnetes Kartenspiel hat für *Herz-Kreuz-Karo-Pik* die Zeichen *‹Rose›*, *‹Eicheln›*, Schilder mit einem Kreuz, *‹Schilten›* genannt und *‹Schellen›*, was vielleicht eine cabalistische Tarn-Form für den *‹Tailover* der Graals-Symbole darstellt, oder eine heute vergessene Symbolik der *Schellen auf Narrenkappen* anspricht (der Bajazzo der *Commedia dell'Arte*).

Das analoge *spanisch/italienische Kartenspiel* bietet ebenfalls überraschende Varianten: Für ‹Stäbe› hat es ‹BASTONI›, was im Deutschen als ‹Keulen› übersetzt wird. In Wirklichkeit zeigt das originale Bild nicht die Klatsche oder ‹Keule› des *‹Arlechino›* der (ursprünglich initiatischen) Commedia dell'Arte (Harlekin, mit *gerautetem Kleid*[8], siehe Abb. 33 & 34), sondern den oberen Teil des Eichenstabs eines Druiden (von der atlantischen Antike bis zum Walt Disney-Film ALADIN), mit eingeschnitztem Kobra-Kopf. Anstatt *‹Kreuz›* hat dieses Spiel *Schwerter* – italienisch *‹Spade›*, was zu der nur durch Lautverschiebung verstehhbaren

Verdeutschung als ‹Schaufeln› geführt hat (gleiche Wurzel wie *Spaten*). Anstelle von *‹Schellen›* bzw. *‹tailover›*) gibt es hier arabische Münzen *(‹denari›)*, verdeutscht als *‹Gold›*, gelegentlich auch als *‹Sonnen›*; und als vierte Farbe erscheint anstatt ‹Herz› der *Graals-Kelch – ‹coppa›*. – Im Gegensatz zu anderen Kartenspielen umfaßt das italienisch/ spanische nur 40 Karten anstatt 52; weshalb die 8, 9 und 10 als *‹Knappe›*, *‹Ritter›* und *‹König›* abgebildet sind: 8 als der Kleine der gerade über die Einweihungs-Schwelle tritt (8 = Saturn!); 9 als vollkommener Mensch (der katharische *Parfait*), und die 10 als Zahl göttlicher Vollkommenheit (ein Transfigurierter). – Das allüberragende AS wäre dann wirklich ein Gott – ein ‹Ase›!

In ‹IV DE BÂTON› (engl. ‹IV OF STAFFS›) sind zwei mal zwei ‹Stäbe› (oder Lanzen) mit einander gekreuzt, wie bei der oben erwähnten Helmzier. In einfach gestalteten Spielen erscheinen die Stäbe als schlichte gerade Stecken. In schön gearbeiteten Spielen tragen sie verzierte Enden – z.B. als Piken mit Troddeln, Traversen und heraldischen Lilien; oder sie sind sogar als *Thyrsus-Stäbe aus*gestaltet. Aufs nackte Symbol vereinfacht zeigt die Karte also zwei sich überlagernde *Andreas-Kreuze* – also *zwei Lichtkreuze* – die auch eine Anspielung aufs ‹Zweite Werk› der Alchemie darstellen. Zusammen bilden diese beiden Kreuze gar ein *Doppelkreuz*, in dessen *Herzen* eine Raute sichtbar wird. Die ‹IV de Bâton› zeigt deshalb in Wirklichkeit *drei Kreuze*, zusammengefaßt auch anzusehen als eine doppelt eingefaßte (d.h. betonte) *Raute*, oder als doppelte *Rune Othala* (gegenläufig wie das Krebs-Zeichen ♋; siehe Abbildungen 21 bis 27).

Die ‹V DE BÂTON› (engl. ‹V OF STAFFS›), die als Vignette zur Titelseite des gegenwärtigen Buchs abgebildet ist, zeigt vier Stäbe als altägyptische Szepter. Diese werden, fünftens, ganz folgerichtig senkrecht durchkreuzt durch einen allerdings etwas phantastisch gestalteten DJED-PFEILER, über dem der Sonnenadler von RE mit ausgebreiteten Schwingen schwebt, sodaß das Ganze zwei einander überlagernde *sechsstrahlige Sterne* ergibt.

Nebenbei sei bemerkt: Noch heutzutage wird bekanntlich das in der Typographie und auf der Telefon-Tastatur landläufig benutzte *Doppelkreuz* # die *Rautetaste* genannt: So stark ist symbolische Tradition aus sich selbst!

Damit haben wir jedoch die Raute verlassen. – Kehren wir zu ihr zurück!

6 DIE RAUTE IN DER ALCHEMIE

Der Bezug der Raute zur Alchemie wurde bereits verschiedentlich angetönt; es bleibt nur wenig zu ergänzen: Die RAUTE mit ihrer ZAHL VIER – steht grundsätzlich für die Materie in ihrem vollkommen reinen chaotischen Urzustand. Im Verlauf des alchemischen Großen Werks wird diese alchemische, d.h. philosophal gereinigte chaotische Urmaterie aufgetrennt in die vier Elemente, die dann schrittweise wieder vereinigt werden (*«solve et coagula»*). Die alchemistische Literatur spricht in diesem Zusammenhang von der *blättrigen Erde*, die einem *geweckten* Ritterschild entspricht. – Parzival's *lediger grüner (mercurieller)* Schild ist bereits zwei Stufen weiter.

Fulcanelli (loc. cit.) geht – im Zusammenhang mit dem *Dreikönigs-Fladen oder Dreikönigs-Wecken* – auf diese *Blättrigkeit* und das Rautenmuster gründlich ein, wobei er noch weitere wichtige Symbole mit dieser eßbaren Metapher verbindet, worauf hier verzichtet und auf das angegebene Buch verwiesen werden kann (im Gegenwärtigen: Abb.35 und 36).

In der operativen Alchemie wie in der esoterischen Geisteswissenschaft wird nun die Umformung und fundamentale Verwandlung dank dem Eindringen des universellen Geistes (‹Licht-Feuer›, ‹universelles Leben›, ‹Wahrheit›) mit der Glyphe des *Kreuzes* ✕ in enge Verbindung gebracht: Das Kreuz durchwirkt oder *färbt – «tingiert»* – die Materie *und den Alchemisten zugleich* – und zwar *Beide* sowohl als *Inhalt*, als auch als *Gefäß*, d.h. vom *Tiegel* (alt-franz. *creuzet*, lat. *crucibulum*, d.h. *Kreuzchen*) – bis hin zum Erhalt des *«Donum Dei»* – das ist die *Gabe Gottes des Steins der Weisen* im Stoff und bleibende Erleuchtung in ihm selbst.. Stets verläuft dieser Weg jedoch über die Zwischenstufe der *Raute* oder *Wecke – losange* – und der *geweckten* (*losangée*) Materie oder/und Persönlichkeit.

Die Arbeit der «Philosophen durchs Feuer» – *philosophi per ignem* – in ihrem LabOratorium wird in der alchemistischen Literatur oft als das *Große Werk* bezeichnet , aber auch als die *Woche der Wochen – Hebdomas Hebdomadum.* Das mag in einem gewissen Maß mit dem alten jüdischen Kalender zusammenhängen, wo jeweils sieben Sabbat-Jahre (engl. *sabbatical years*) zu einer *Woche der Wochen* zusammengefaßt und durch ein ‹Jubiläums-Jahr› gekrönt wurden. – In der Alchemie bezieht sich dieser Ausdruck jedoch vorallem darauf, daß das Große Werk als Imitation der biblischen Sieben Schöpfungstage im Kleinen dargestellt und erlebt wird. Es wird deshalb auch *Minutus Mundus– Winzige Welt* genannt.

Ebenso wie der Fœtus bei seiner Entwicklung im Mutterleib bekanntlich sämtliche animalischen ‹Evolutions-Stufen› oder ‹Zeittypen-Formen› durchlebt, bevor er als Mensch erkennbar wird, so wird auch in der Alchemie die zu Beginn ‹Chaos der Weisen› genannte *‹jungfräuliche, stinkende schwarze Erde›* oder *‹Urmaterie›* aus ihrem mineralischen Zustand übergeführt in einen ‹pflanzlichen›, d.h. ‹grünen›, dann in einen tierischen, ‹blutig› genannten Zustand (Schlange, Tauben, Adler, grüner und roter Löwe etc.), darauf in den ‹menschlichen› (*Regulus* – den *Kleinen König* oder *Dauphin – ein Delphinus*) – und schließlich in den gottmenschlichen Zustand des Adepten, dem der physische Stein der Weisen zu-fällt.

So ist die *Große Woche* der Alchemisten mit ihrer in der kirchlichen Ikonographie so häufig anzutreffenden *‹philosophischen Leiter› – Scala Philosophorum* – zugleich eine ganz real konkrete, stoffliche Allegorie zur mystischen Queste; der *Minutus Mundus* entspricht dann dem *Mikrokosmos*, und das Ganze dem hermetischen Gesetz: *«Wie im Großen, so auch im Kleinen»*. Es gibt sogar Autoren, welche die Meinung vertreten, die eigentliche Bedeutung der biblischen Schöpfungsgeschichte (Chaos, Trennung von Licht und Finsternis, Trennung der Elemente, Bildung von Pflanzen, Tieren, Mensch) meine *in erster Linie* den Pfad des alchemischen Großen Werks, und nur in zweiter Linie die Genesis einer Welt, der jedoch bereits die Erschaffung von Raum und Zeit eines ansonsten ganz *‹unbegreiflichen›* Universums (*‹Chaos›*) vorausgehen müßte.

7 DIE RAUTE ALS TALISMAN

Zur Einführung in dieses Kapitel ein historischer Exkurs:
Glauben und Aberglauben scheinen seit den Hexenverfolgungen im Mittelalter – und besonders seit dem Aufschwung des Wirtschaftswunders im letzten Jahrhundert – offiziell aus dem Bewußtsein der Menschen gewichen: Ihren Platz haben Materialismus, akademische ‹Wissen›-schaften und deren Jünger eingenommen. Das ist eine niedrige Form des Aberglaubens an eine falsch verstandene ‹Gott-Ähnlichkeit›, mit fatalen Folgen für Welt und Menschheit. Rücksichtsloses Karriere- und Konsumverhalten, extreme Ausrichtung auf flüchtiges Glück – kaufbar, erkämpfbar, verlierbar – und erneuerbar, wenn man den stets krasser werbenden Massenmedien folgen will, die immer rigoroser auf Egoismus, Gleichschalterei und Abstumpfung ausgerichtet sind. Es gilt, ‹normal› zu sein, d.h. in der besinnungslosen Masse aufzugehen. Wer dieses Bild als allzu schwarz

empfindet, braucht nur ein modernes Wörterbuch, eine moderne Klein-Enzyklopädie (insbesondere auf französisch) aufzuschlagen: Zahllose Ausdrücke der klassischen Geisteswissenschaften sind daraus vollkommen verschwunden – oder erscheinen nur noch in geistlos verarmten, bzw. das Denken kanalisierenden, also manipulierenden Bedeutungen. Als typisches Beispiel soll hier das Stichwort KARDINAL mit seinen Ableitungen dienen:

Im deutsch-französischen Wörterbuch von Sachs-Villatte aus dem Jahr 1908 (2 x 2000 Seiten) sind diesem Artikel 49 (neunundvierzig!) Zeilen gewidmet; im *Brockhaus in drei Bänden* des Jahres 2004 (dank Bildern ca. 3000 Seiten) sind es gerade noch 22. Davon erhalten allein die *Kardinäle der Römischen Kirche* 13 Zeilen, ohne daß eine einzige religiöse Funktion genannt würde. Neben dem ‹Kardinal› genannten Vogel sind dann die *Kardinal-Tugenden* zwar kurz erwähnt – aber mit gegenüber dem letzten Jahrhundert völlig veränderten Bedeutungen: Aus *Gerechtigkeit, Weisheit, Mäßigkeit* und *Stärke* (‹Geradheit›) sind *Gerechtigkeit, Weisheit*, *Tapferkeit* und *Besonnenheit* geworden. Doch auch diese vier Werte werden im heutigen täglichen Leben der Masse und der Massenmedien höchstens noch als schöne Schlagworte benutzt. Die vier Kardinaltugenden, die zur Zeit Platons noch das tatwirklich anzustrebende Ideal jedes Jünglings und jeder jungen Frau waren, sind heute zu plakativen Ausdrücken geworden, die niemand mehr ernst nimmt – schon gar nicht die ‹Vorbilder› der heutigen Gesellschaft! – Dies unter Anderem auch deshalb, weil die Meisten sich ihrer nicht einmal entsinnen. Im Gegenteil: *Ungerechtigkeit, Beschränktheit, Unmäßigkeit und schwächliche Orientierungslosigkeit* sind die traurige Wirklichkeit, in jedem Jahrhundert mehr als im vorangehenden – und dies schon seit Lao-Dse![9] *Mäßigkeit* ist ein kritischer Störfaktor für Umsatz- und Konsumsteigerung, für Fanatismus und egoistische Rücksichtslosigkeit – kurz: für die krankhafte Entwicklung der Menschheit in Richtung Perversion und Katastrophe.

Der Ausdruck *Perversion* ist hier im ursprünglichen Sinne verwendet, nämlich im Sinne der *Umkehrung, Verkehrung* als *Vergewaltigung* natürlicher und göttlicher Normen; der Ausdruck *Katastrophe* wird hier gemeint im Sinne der *Kataklysmen*, die diese in der Menschheitsgeschichte sich stets wiederholende Entwicklung periodisch durch einen *Untergang aller Zivilisationen* korrigieren.

Dadurch erhält die Welt jeweils eine neue Chance zu einem neuen Aufstiegs-Zyklus: Erneute Erhebung aus einer neuen ‹Steinzeit›, neue Blütezeit (unser ‹*Mittel-Alter*›) und erneuter Niedergang in der ‹Moderne› eines neuen ‹Eisernen Zeitalters›, dessen Kulmination wir für den laufenden Zyklus gerade im letzten Jahrhundert überschritten haben: Die Menschheit eilt in voller Degeneration einem doppelsinnigen neuen ‹*freien Fall*› entgegen.

Dieser chiliastische Exkurs mag unnütz erscheinen, ist es aber gar nicht; denn er führt uns wieder zum Ausgangspunkt zurück: zurück zur Frage nach *Glauben und Aberglauben*, und damit zu den Amuletten und Talismanen, welche die alten Symbole – insbesondere auch die *Raute* benutzen. Zuvor jedoch noch dies:

Im *Goldenen* und *Silbernen Zeitalter* in (grob gesagt) der ersten Hälfte jedes neuen Weltzyklus ist alles Sein, Denken und Gestalten der Menschen auf die natürlichen und übernatürlichen Gesetze und Kräfte und ‹Gottheiten› ausgerichtet – auf universales Wissen *in Brüderlichkeit, Harmonie und Liebe*. Dies wird uns bezüglich des derzeit zu Ende gehenden Zyklus für die Epochen des Brahmanentums, des Alten Ägypten und auch für das alte Keltentum deutlich überliefert, und auch die Bauwerke aus jenen Zeiten sprechen eine klare Sprache in diesem Sinne. Im *Bronzenen Zeitalter* beginnt die Formalisierung – ‹erstarrender Guß› von Glaubens-Systemen und Gesetzen sowie deren kulturspezifische Formulierung in Lehren und Mythen – z.B. diverse Schöpfungs-, Sinthflut- und Erlösungs-Mythen (Chaldäa, Sumer, Babylon, Sabah, Ägypten, Australien, bei den Hopi's etc.). – Es folgt der Aufbau religiöser und sozialer Dogmen, die nicht mehr dem Verstehen, der wirklichen Verbindung und authentischen Kommunion mit ‹Gott› oder den ‹Göttern› dienen – und auch nicht mehr die wahre innere Kenntnis des Menschen über sich selbst, den Kosmos und ‹die Himmel› zum Ziel haben. Der Zweck dieser Lehren ist es, den Machtanspruch eines bestimmten Volkes, einer bestimmten Rasse oder Priester-Kaste zu stützen sowie deren Ausschreitungen zu rechtfertigen und sogar zu legitimieren.

Der erwähnte aufsteigende und sich überschlagende Materialismus endlich hat dazu geführt, daß alle *religiösen Bindungen* – insbesondere der religiöse Glaube – für ‹Normalbürger› immer unbedeutender wurden.

‹Hebräisches› Judentum, ‹arabischer› Islam und römisches ‹Christentum› sind klassische Beispiele für diesen Vorgang. Das rabbini-

sche Judentum der Gegenwart ist – wie Archäologie und Quellenforscher zunehmend zeigen – das Resultat einer unter Leitung der Kleinkönige und Priester eines halb-seßhaften Hirtenstamms konstruierten «Nationalität» der römischen Provinz Judäa. Dieses Konstrukt begann zögernd im sechsten vorchristlichen, dauerte bis ins zweite nachchristliche und endete ums 3. Jh. n. Chr. mit der mehr oder weniger definitiven Kodifizierung: Die Thora (Pentateuch, Psalmen und Propheten) sowie der Talmud sind ein Mosaik von Überlieferungsfragmenten aller Regionen und Stämme des Nahen und Mittleren Ostens seit ca. 3500 v. Chr.; Vieles in der ‹Chronik› ist zweckmäßiger Mythos zur Befestigung und Durchsetzung des jahwistischen Monotheismus. Ihre Endredaktion *begann* in Alexandrien, zur Zeit des allbekannten Philo (ca. 150), der die alten Überlieferungen aus Indien, Chaldäa und Griechenland für den jüdischen Codex adaptierte und als ‹alte jüdische Tradition› deklarierte. Das ist ein Gemisch aus Gesetz, Gotteslehre, esoterischen Mythen und Prophezeiungen oft nach Eintreten der Ereignisse – *‹prophetiæ post eventum›*, das geschichtliche Geschehnisse nationalistisch uminterpretiert und in eine antihistorisch-jüdische Vergangenheit zurück - projiziert: ‹Worte von Jahweh› zum Zweck der Begründung und Befestigung eines Hegemonie-Anspruchs auf alles bewohn- und bebaubare Land zwischen dem antiken *Raphia* (Nord-Ägypten) und der ‹Tyrischen Treppe› (d.i. die alte Süd-Türkei, genannt [As-]Syrien) – also auf den größten Teil des fruchtbaren, *seit Urzeit hochzivilisierten* Ostrandes des Mittelmeers.
Der Islam ‹begründet› – seit der oft gewaltsamen Islamisierung im Mittelalter – auf ähnliche Weise seinen Anspruch auf alle Großreiche des Mittleren Ostens. Und das heutige ‹Christentum› – mit Rom als selbst-ernannter Königsmacherin für den gesamten Rest der Welt – ist diesem Muster seit dem vierten Jahrhundert der christlichen Ära gefolgt.[10] Von da an begann der systematisch auf- und ausgebaute römisch-katholische (d.h. *das All umfassende, auf Rom zentrierte*) Imperialismus seine breite, unauslöschliche Blutspur zu ziehen, die vor dem Auge jedes kritischen Historikers alle jemals inszenierten historisch belegten Genozide als Kleinkriege, den vereinten Faschismus des 20. Jahrhunderts in Deutschland, Frankreich, Italien, Spanien und den USA als reine Kinderkomödien erscheinen läßt.

Die Väter des Neuen Testaments benutzten dieselben neu-alt verfaßten ‹prophetischen› Bücher wie das Alte Testament. Daraus entstand die sogenannte *«christliche Orthodoxie»* – eine *«Rechtgläubigkeit»* voll der weltweiten Exzesse der jüdisch-christlichen Kirche von Rom – und gipfelnd in Ereignissen und Perversionen, denen noch kein einziger Geschichtsschreiber gerecht geworden ist. Die sehr erleuchtende esoterisch-etymologische Erklärung des Wortes *‹Vaticanus›* muß hier unterbleiben.

Die *Inquisition* (12. bis 19. Jh.), die spanische *Conquista* (15. bis übers 19. Jahrhundert hinaus), die Ausrottung der Hugenotten in Florida im Jahr 1565, in Frankreich um 1572 (‹Bartholomäusnacht›) sind vier alles überragende Gipfel der Katholisierung, die im US-Amerika noch heute (u.a. unter kräftiger Mitwirkung des jesuitisch imprägnierten *Opus Dei*) fortgesetzt wird. Im 20. Jahrhundert diente der ‹Balkankrieg› letztlich ebenso der Katholisierung, wie der Nahostkrieg der ‹Jüdifizierung›, und die islamische Djihād der ‹Islamisierung›; – alle zusammen aber dem Streben nach einer sogenannten *‹Neuen Weltordnung›*.

Solche Blutbäder und andere Blut-Riten haben – meistens «im Namen Gottes» – der erwähnten, aus menschlicher Machtsucht und illusionistischen Ideationen geborenen dreifachen Konstruktion eine *dreifache blutige Krone* aufgesetzt. Das ist besonders bedauerlich im Falle desjenigen Religionssystems, das sich nach JESUS DEM CHRISTUS benennt, der in der Kraft des universalen LOGOS das Liebesgebot predigte. Das christianistische und vorchristliche ROM ist es auch, welches mit besonderer Hingabe jeglichen ‹Aberglauben› – d.h. *Zweit-* oder *Parallel-Glauben* – mit den Wurzeln ausreißt, exorziert und dabei doch alle heidnisch-magischen Riten, Götter und Göttinnen als ‹Heilige› munter weiterbelebt.

Auf solche Weise wurde der in der Volksseele ebenso wie in der Seele jedes Einzelnen verwurzelte Glaube im Laufe der Zeit durch konstruierte und aufgezwungene Lehrgebäude – Dogmen – ersetzt, und der alte echte Glaube verschwand endlich ganz zugunsten von *synkretistischen*, also *synthetischen* Glaubensbekenntnissen. Grob ausgedrückt gilt dieselbe Strategie für alle heutigen ‹Weltreligionen›, die mit tief empfundenem, aktuell erfahrenem Glauben nur selten etwas gemeinsam haben.

Von Zeit zu Zeit hat jedoch diese restriktive, imperialistische und stets gewaltbereite Methode, *religionspolitische Systeme* an den Platz echter *Religiosität* zu setzen, naturnotwendig dazu geführt, daß das Toleranzlimit überschritten wurde. Die diversen Strömungen des 11. bis 13. Jahrhunderts, die Reformation des 16.

Jh. und aus ihr hervorgegangene Seitenzweige sowie theosophische, freimaurerische und rosenkreuzerische Strömungen des 17., 18. und Ende des 19. Jahrhunderts folgten. Zum Ende des 20. Jh. explodierte der Drang nach echter religiöser Erfahrung förmlich: Eine Vielfalt von esoterischen und naturreligiösen Strömungen und Organisationen mehr oder weniger bonafider Ausrichtung entstand. Dadurch kam im ‹Westen› die seelische und geistige Entwickelung der ganzen Menschheit in Fluß:

Trotz weltweit erfolgreicher Bemühungen zur globalen Kanalisierung und Manipulation der Menschheit durch die dominierenden Machtstrukturen wurde die Diskrepanz zwischen den unwiderlegbaren Wirklichkeiten einerseits und konstruiertem, totalitär erzwungenem Dogmenglauben andererseits immer größer, und sie wächst stets weiter. Während mancher gutgläubige christliche Theologe noch heute zuversichtlich behauptet, die seiner Lehre zugrundeliegende Bibel sei ungefälscht, *die reine aus Gott inspirierte Wahrheit*, erkennt die Menschheit dank Archäologie und Dokumentenfunden, dank Sprach- und Quellenforschungen immer klarer, wie sie während Jahrhunderten einem immer komplexeren Gespinst von zweckmäßigen und ganz unpriesterlichen Lügen auf den Leim gegangen ist. Indessen versucht das christianistische theokratische System da und dort, zurück zu buchstabieren, und so sein Gesicht zu retten. Andere Systeme suchen im Gegenteil, mit noch restriktiveren, noch tiefer in die Grundrechte der Menschen eingreifenden Vorschriften und Zwangsmaßnahmen den *unbedingten Gehorsam* weiterhin zu erzwingen, um den Status Quo zu zementieren.

Ihnen stehen alt-neue Systeme und Exponenten entgegen, die aufgrund der aktuellen neuen Zeitenwende Wahrheit und Klarheit sozusagen «auf den Marktplatz und in die Straßen» bringen, sodaß auch das Licht der lebendigen, stets jugendfrischen Wahrheit derzeit überall leuchtend hervorzutreten beginnt.

Zwischen diesen zwei Strömen haben sich einzelne kirchliche Apostaten sowie Mitglieder kleinerer bonafider esoterischer Strömungen und Gemeinschaften so sehr von Allem zu distanzieren begonnen, was kirchlichen Institutionen und Bräuchen ähnlich sieht, daß sie selbst die alten Ordensregeln und die Schriften der anerkanntesten ersten Theosophen (Weigel, Bœhme etc.), ja sogar die theologischen (theosophischen) Schriften des Paracelsus heute ablehnen, weil sie ihnen allzu kirchlich – bzw. allzu orthodox – «riechen». Dadurch wird der letzte Rest authentischen christlichen Schrifttums und Erlebens in Frage gestellt.

Ebenso klar *christisch* wie die alte und junge *gnostische* Überlieferung sind sowohl die *Baghavad-Gita*, die ägyptischen Unterwelts-Bücher, und chaldäische Sternenweisheit, als auch die kabbalistische Jüdische Gnosis. Sie alle sind aber nicht im heutigen Sinne *christisch*, d.h. keine Lehre zu transfiguristischer *Einfachheit, Einfältigkeit und Liebe* gemäß dem Wort: «*Seid klug wie die Schlangen {Ophis} und sanft wie die Tauben {Venus-Columba}*», womit der Ursprung der Menschheit im *Sonnenzeitalter* – und deren erste Vervollkommnung im *Venus-Zeitalter* – auf den kürzesten, authentischsten geistigen Nenner gebracht werden. Dennoch sind die Vertreter all dieser und noch weiterer *gnostisch und christisch* zu nennender Strömungen in aller Welt sich ihrer Brüderlichkeit bewußt und beginnen, in der Jeder eigenen Essenz zu einander hin zu streben – sei es willentlich oder unbewußt: Das eben ist die Wirkung des neuen, des ‹Wassermann-Zeitalters›!

In dem um sich greifenden Zerfall all dessen, was als solide galt; durch Verletzung der elementarsten Gesetze und durch den Zerfall der zutiefst verankerten menschlichen Wert- und Glaubenssysteme wurde der Boden geebnet für die erneute Reinigung und Entfaltung der Wahrheit. Zuvor aber zerfiel der Glaube – der Glaube ans sinnlose Dogma zuerst, jener an die sinngebende Wahrheit danach. Eine Glaubensleere – ein *Glaubens-Vakuum* entstand.

Ein altes hermetisches Axiom besagt jedoch: «*Es gibt keinen leeren Raum!*». Das gilt nicht nur im Bereich von Kosmos und Makrokosmos, sondern auch in der geistigen Welt jedes einzelnen Menschen. So wie kein Mensch ohne Glauben leben kann; weil er den Verlust der Werte, die ihn glauben ließen sogleich ersetzen *muß* durch andere Werte, woran er glauben *kann*, und weil die menschliche Seele trotz aller ‹wissenschaftlichen Aufklärung› zutiefst *weiß*, daß es mehr gibt zwischen Himmel und Erde, als was menschliche Machtsysteme – religiöse, soziale, politische und ökonomische – der Masse mitzuteilen für gut befinden, so ist auch gewährleistet, daß jeder Mensch in seinem Lebensraum ein Glaubenssystem aufbaut bezüglich der Kräfte, die er täglich *erfährt*, deren Kenntnis seit alten Zeiten alle Dogmen überdauert haben, und die, losgelöst von eigentlichen religiösen Systemen, unveränderlich auf Welt und Menschheit einwirken.

So und aus diesen Gründen entwickeln sich Systeme von *Aberglauben* – das bedeutet ursprünglich: *Zweit-Glauben* – und deren Symbolik: Amulette und Talismane als Ausdruck des Wunsches,

Dinge und Gesetze nicht nur zu *verstehen* und zu *interpretieren*, sondern sie auch menschlichem Wollen, Fürchten und Wünschen *anzupassen*. Diesem Zweck dienen eigentlich *alle* Symbole – sowohl die physisch-‹wissenschaftlichen› (chemische Gleichungen, physikalische Formeln etc.) als auch die metaphysisch intuitiven – die *natur-wissenschaftlichen* ebenso wie die *natur-magischen*. Der Auswuchs davon ist der Versuch, die natürlichen und göttlichen Gesetze und Abläufe nicht nur zu verstehen, zu beeinflussen oder zu umgehen, sondern geradezu, sie zu *manipulieren* und zu *pervertieren*. Die materialistischen ‹Wissenschaften› haben ja zumeist eine neue Form von ‹Aberglauben› und *schwarzer Magie* hervorgebracht: Biotechnik, Nukleartechnik, elektronische Datenvearbeitung, Teilchenbeschleuniger, ‹Geo-Engineering› etc.

Ein *Symbol – jedes* Symbol – ist in erster Linie nichts anderes als ein grafischer oder glyphischer *Begriff* (von *Begreifen*, d.h. *Verstehen*) einer sinnlichen oder übersinnlichen Erfahrung: ein *Name*. Doch in der Kenntnis des *Namens* eines Dinges liegt auch die *Macht* über dieses Ding. Dieser Tatsache trägt das Buch *Genesis* Rechnung: Adam erhält – so die Schrift – den Auftrag, die Erde und alles was auf ihr ist sich *untertan* zu machen (Version in Kapitel 1). Und um dieser Aufforderung gerecht zu werden, nennt er alle Dinge bei ihrem *Namen* (Version in Kapitel 2).

Ein *Symbol – jedes* Symbol –ist daher nicht «nur so ein Zeichen», sondern enthält auch *alle Kräfte – positive wie negative* – die mit diesem Zeichen verbunden sind: das ist die Magie des Symbols ebenso wie die des Namens. Diese Magie wirkt *immer* – auch wenn, wer sie in Bewegung setzt, sie *weder kennt noch wahr-nimmt*. Magie ist also jederzeit und überall wirksam, wo ein Symbol ‹von selbst› entsteht oder durch eine handelnde Kraft – eventuell durch ein Tier, einen Menschen, eine Pflanze oder ein Mineral – erzeugt, befestigt, herumgetragen oder auch nur vergänglich (als ätherische Form, als Geste, als Spur im Sand, als Ton, Geruch etc.) aufgerufen wird. Auch hat jede Magie ihre symbolisch metaphorischen Entsprechungen *in allen Reichen*: Im Mineralreich, im Pflanzenreich, im Tierreich, im Menschenreich und in den geistigen und göttlichen Sphären. Indes wirken Amulette und Talismane genau so erdgebunden oder geistig wie das damit verbundene Bewußtsein ihres Trägers!

Die alte Magie unterschied auch noch eine besonders tiefe, elementare und elementale Sphäre: die *Unterwelt*. Dessen sind sich heute nur mehr wenige Menschen bewußt, während in den Urvölkern, später bei Bauern und Hirten, diese Dinge wohlbekannt waren und täglich ganz bewußt benutzt oder doch berücksichtigt wurden.

Damit ist nun nicht der aus der griechischen Mythologie ins Christentum gebrachte Totenkult gemeint, sondern die oft ‹dunklen› chthonischen Kräfte, die aus dem Innern der Erde wirken. Besonders solche zutiefst irdische Kräfte sollten mit Amuletten und Talismanen begütigt, aktiviert, abgewiesen oder beschworen werden. Das mußten nicht immer eigentliche Graphiken sein (vgl. Abbildungen S. 77): Das rautenförmige Loch in der Stallwand oder ein Türfensterchen genügten schon (→ Abb 7). – Auch normale Haushaltsgegenstände wurden so hergestellt oder platziert, daß sie eine bestimmte Wirkung erzeugen oder unterhalten konnten. So bewirkte der sogenannte ‹Volks-Aberglaube› mit seinen Mythen, Sagen und Märchen eine innere Sicherheit der Volksseele: Was man nennen und abbilden kann, ist weniger unheimlich als das Unbeschreibliche.

Genau dasselbe geschieht ja im entgegengesetzten Sinne in den Religionen: Bilder und Zeichen sollen Kräfte nach Wunsch dynamisieren. Sogenannte ‹Aufklärung› hat jedoch archetypisches Wissen und Ahnen der Alten so gründlich aus dem menschlichen Bewußtsein – z.T. sogar aus dem von *‹Eingeweihten›* – getilgt, daß heute auch Religion und religiöse Amulette von den Meisten gedankenlos und nur noch aus Gewohnheit getragen und ‹geglaubt› werden.

Ganz anders in der heutigen Konsum- und Verbrauchsgesellschaft: Von der SHELL-Muschel an einer Tankstelle bis hin zum Signet einer politischen Partei, eines Fußball-Clubs oder einer Versicherung – alle diese in der Werbung zu Recht SIEGEL und mißbräuchlich LOGOS genannten Zeichen wirken als mit Kraft imprägnierte Symbole – als *Talismane* für mehr Umsatz, oder zur Beeinflussung der Volks-Psyche!

Präzisieren wir noch, daß grundsätzlich *Talismane* die Wirkung haben, ‹Gutes› anzuziehen, während Amulette grundsätzlich ‹Übel abwenden› sollen. Die meisten Talismane und Amulette sind kreisrund, dreieckig oder quadratisch: die Träger von Symbolen folgen den Regeln der Symbole selbst. Auch Fünfecke kommen vor, und Ovale sind nicht selten. *Kreuze, Sterne* und andere Figuren sind vielmehr *Inhalt* oder *Bekenntnis* der Botschaft eines Amuletts – wie Schriftzüge, magische Schlüssel, magische Zahlenquadrate und mythologische oder allegorischen Figuren, auf die hier einzugehen nicht der Ort ist.

Die *Raute* aber kommt in Amuletten und Talismanen ausgesprochen selten vor[11]. – Tatsächlich findet sie sich ausgerechnet in einem Amulett, wo sie an die Rune *Othala* anklingt, deren Bedeutung oben erklärt wurde (Abb.1). Es entstammt dem Buch von R.H. Laarß (a.a.O., S. 192; siehe auch Abb. 20). Bei diesem Amulett, das die Raute benutzt, handelt es sich um ein kreisrundes *Venus-Amulett.* Der *Kreis* ist die ideale Form für eine *Öffnung*, für einen offenen *Raum;* – die *Raute* ist die geschlossene regelmäßige Form, die dem Mutter-Ideal am nahesten kommt: als gleichseitige Raute (INGWAZ) dem *Kreis*, als spitze Raute dem *Oval* oder der *Mandorla* (Abb. 3-A). Das *runde* Venus-Amulett in Abb. 1 trägt eine *Raute*, die wiederum in ihrer Mitte ein *schmales hohes Rechteck* besetzt (das seinerseits an die *Spindel* erinnert): ein dreifaches Zeichen für *‹Weiblichkeit›* und *‹Mutter›* (Rune OTHALA). Ein (durch Laarß verwischter) Schriftzug und das *dreimal* angebrachte *Venus-Symbol* (einmal kopfstehend, also zugleich Erdsymbol) sowie ein kabbalistischer Schlüssel machen die Vorderseite dieses Amuletts vollständig.

Gemäß Laarß war der Zweck dieses Amuletts *«die Erregung von Gegenliebe, wenn es an einem Freitag (Venus-Tag) unter der richtigen Gestirns-Konstellation mit Venuskräutern geweiht und unter Anrufung der ‹guten Venus-Intelligenz› genau nach den entsprechenden magischen Vorschriften angefertigt wird».*

Die Rückseite dieses Amuletts ist bei Laarß nicht abgebildet. Dabei widmet das Buch von Laarß den Venus- oder ‹Liebestalismanen› zwei Kapitel – eines davon allein dem «bekanntesten historischen Liebesamulett» der *Catharina de Medicis*, Königin-Mutter des ‹Hugenottenkönigs› Karl IX von Frankreich – jener *ganz und gar abergläubischen* Königin also, die, unter dem Vorwand strengst katholischer *Rechtgläubigkeit*, die Pariser Bartholomäusnacht, die sog. «Bluthochzeit» veranlaßte, in welcher alle *‹Falsch-Gläubigen›* – d.h. alle Hugenotten und Protestanten umgebracht wurden, derer man habhaft werden konnte.

In Magie und Aberglauben (was wie gesagt keine Abwertung bedeutet, sondern nur Alternativen zur *ortsüblichen Glaubenslehre*) wird Venus verbunden mit dem *Freitag* (Tag der Muttergöttin, nach keltischem Begriff *Freya*, ital. *venerdí* für Venus). Ihre Sternzeichen sind *Stier* (Stier = Sonne; Kuh = Mutter natürlichen Lebens) und *Waage* (ursprünglich ein anderer Aspekt der Göttermutter).

Das Metall von Venus ist das *Kupfer*, genauer gesagt: die Kupferlegierung *Erz*: In der ‹*Bronze*›, also dem Erz, ‹paart› Venus sich mit *Mars* im ‹*Netz des Hephaistos*›; im *Messing* mit Jupiter. Ihre Farbe ist das *Grün*. In dieser Farbe überschneidet sie sich mit der *Sonne* und dem *Gold*[12], und das trifft ja auch in Bezug auf ihre Verbundenheit mit dem Herzen – der Sonne im Menschen – in der ‹Liebe› zu, ob auf der niedrigen oder auf der gnostischen Ebene.

Von den vielen weiteren Entsprechungen von Venus im Reich der Pflanzen, Mineralien, Gerüche, Sterne etc. sei noch die *Mythologie* genannt: *Astarte, Hat-Hor, Lakshmi, Aphrodite-Cypris, Maria* – die stets ‹schwangeren› ‹jungfräulichen› Muttergöttinnen und Göttermütter sind ohne Zahl. In der *Astronomie* erscheint Aphrodite als Abendstern (*Venus*) und als Morgenstern (*Luzifer* d.h. *Lichtträger*); überdies wird Venus in der Esoterik gelegentlich als *Hermaphrodit* abgebildet, was entsprechend auch für Merkur zutrifft.

In der *Numerologie* entspricht der Venus die 6 – lateinisch *sex*. Das *sechste* Arcanum im Tarot ist *l'Amoureux* – das ist der Kandidat auf der Suche nach den ‹richtigen›, d.h. göttlichen *Rhythmen* und *Harmonien* (Schwingungen und Proportionen) – und in der Wahl zwischen reinem astralem Geist und niederen astralen Kräften; anders gesagt: in der Wahl zwischen der LIEBE *von und zu dieser Welt* und jener *nicht von dieser Welt*; zwischen natürlicher *Evolution* und geistig-seelischer *Transformation* – bzw. zwischen *Kristallisation zum Tod* und *Transfiguration zum wahren Leben …*

Die alte okkulte Wissenschaft und die klassische Magie kannten noch weitere Entsprechungen, die *Agrippa von Nettesheim* nebst einigen bereits genannten ausführlich erwähnt (siehe Abb. 2 und 3).

8. DIE RAUTE IN DER SPRACH-CABALE

Die phonetische Sprach-Cabale spielt grundsätzlich durch alles hermetische Schrifttum und die entsprechende Ikonographie hindurch – ob mystisch oder magisch; und so auch im gegenwärtigen Buch. Am gewöhnlichen Leser geht sie unbemerkt vorbei; den aufmerksamen Leser aber kann sie immer aufs Neue bereichern.

Tatsächlich ist in allen möglichen Fällen das wichtigste, unbegreiflichste und ausschließlich auf philosophisch-religiöser Ebene einigermaßen vorstellbare und doch unfaßbare Haupt-Phänomen und Wunder dies, daß das *Universale Geistfeuer* sich manifestiert, indem es sukzessive zuerst geistig, dann ätherisch-physisch, und endlich materiell kondensiert. Dann kann reiner Geist wiederum die Materie durchdringen und *imprägnieren* (d.h. *‹schwängern›*), und sogar sich mit ihr vereinigen: das ist dann die sog. *Fleischwerdung des Geistes – Verbum Caro factum*, wie es in der sakralen Literatur heißt: So drückt die sprachliche Cabale der sakralen Texte aus, wie das *feurige Dreieck des Geistes* mit dem *Viereck des Stoffs Eins* wird. –

Für den bewußten Kandidaten auf dem Pfad der transfiguristischen Selbsterlösung bedeutet das, daß das ursprüngliche materielle Substrat (das ist er selbst als Person) *immer weniger wird*, während die Anreicherung mit Geistfeuer und Liebesfähigkeit *wächst und wächst* bis zur Perfektion. Der ursprünglich ‹schwarze› (d.h. in Finsternis der Unkenntnis vom Licht getauchte), unreine Stoffkörper wird so ganz durchlichtet, und erneuert zu einem *purpurnen* Körper (griech. *pyr pyrós*: das *Reine vom Reinen, das Feuer vom Feuer*), in vorwiegend *geistiger* Kraft und ‹vergeistigter Stofflichkeit› – aufgehoben im Kreis der Zeit- und Raumlosigkeit: .

Symbolischer Ausdruck dafür wäre ein *Stern* – ✡ – oder ein Kreuz, das sich mit einem Rhombus ‹bekleidet›: ; – bzw. ein Rhombus, der vom Kreuz des Geistes durchdrungen wird, was alles sehr genau der Aussage u.a. von These 3 und dem Kommentar der zitierten *Wassermann-Genesis* entspricht (siehe auch Abb.37).

Dieselbe Symbolik bleibt richtig im Falle der mystisch verstandenen «*Erlösung der gefallenen Natur*» – also der Rückkehr der Schöpfung in ihren ursprünglichen göttlichen Zustand im ‹Paradies›: Der verrohte oder ‹rohe› Stein – der Kandidat, der den Erlösungspfad betritt – muß, so die alte freimaurerische Sprache, ein *Kubus*, also dem *Eckstein Christus* ähnlich werden, dem Christus ‹nachfolgen›, bis er, zu einem *Diamanten* geschliffen, in den Zustand des ‹ursprünglichen göttlichen Menschen› – des neuen Adam Kadmon – als *voll-bewußter Gottmensch* erhoben oder erhöht werden kann. So sei hier auch nochmals angemerkt, daß eine Raute, wenn sie drei-dimensional gedacht wird, einem Oktaeder gleicht, was der Kristallform des Diamanten entspricht. – Sehr viel könnte noch gesagt werden zu dieser geistigen Transformation des ‹Stoff-Quadrats› zum Diamanten (siehe Abb.37)!

Im Verlauf der obigen Abschnitte wurde auf einige sprachverwandte Ausdrücke hingewiesen, die jedoch innerhalb der klassischen akademischen Linguistik blieben. Zu ergänzen wären Anwendungen des Ausdrucks in botanischen Namen (*Herba Ruta*,

Weg-Raute und andere). Letztere wird durch die *«Rautenform ihrer Blätter»* erklärt, die sie *überhaupt nicht hat*. Im Französischen wird der Ausdruck *Rhombus* auch auf eine flache, rautenförmige Fischart angewendet (franz. *Turbot*, dt. *Dornbutt, Klipfisch* bzw. auch *Flunder*).
In symbolischen Darstellungen müssen so angeähnelte Tiere bzw. Pflanzen – der *phonetischen* ‹Ähnlichkeit› wegen – gleich gedeutet werden wie eine heraldische oder symbolische *Raute*. Ebenso wurde das rad-artig sich drehende Gestell, worauf die von Hand gesponnene Wolle aufgewickelt wurde, *Rhombus* genannt. So hängt die *Raute* über die Phonetik auch mit der *rota* – dem lateinischen *Rad* und dessen mannigfachen okkulten, magischen, symbolischen und metaphorischen Bedeutungen zusammen – astrologische *‹Rota›* und *Tarot* mit eingeschossen.

Auch umfaßt der franz. Ausdruck *fuseau* (*Spindel*) noch eine *Meer-Schnecke* sowie die als ‹Schnitze› oder Spindeln gedachten *24 Zeitzonen (fuseaux)* der Erdoberfläche. Er wurde ursprünglich auch mit der *Magie* in Verbindung gebracht: *fuseau de magicien*, und daneben der *Zauberkreisel*; *rouet magique* – das *Zauberrad*. Ebenso kann die *Achse* oder *Traverse einer Rolle fuseau* heißen. –

Das *Wort fuseau* kommt natürlich vom lateinischen *fusus*, welches mit *Fluß* (*χευμα*) und *Guß* (*χονεια*) zu tun hat – Ausdrücke, die wiederum in der *Alchemie* ebenso wichtig waren wie in der Metallurgie, und die darum in der heraldisch-operativen Bedeutung der Raute als *Doppelkonus* mit-berücksichtigt werden müssen. Das lateinische *ruta* bedeutet auch *Straße* sowie ein Stück Land (*‹eine Rute›*), das der Verkäufer beim Verkauf eines Grundstückes für sich ausbedingen konnte. Das lateinische Wort *Rhombus* hat dieselben bereits erwähnten Entsprechungen wie im Deutschen. Das griechische *Rhombos* hingegen hat dieselben zahlreichen Bedeutungen wie das französische *fuseau* und das lateinische *Ruta*. Das griechische *φυσα – physa* trifft sich mit dem französischen *fuseau* im *Blasebalg* – einer handlichen Form für *Wind*, *Blähung* und *Blasen*, welche ebenfalls *φυσα* heißen. – Damit sind wir wieder bei den *Luftgeistern*, die zu VENUS und zu OTHALA gehören.

Zu *‹blasen›* und *‹aufblasen›* gehören natürlich auch die übertragene Bedeutung der *Aufgeblasenheit* sowie intensive Blasgeräusche – Röcheln, Keuchen, *Schnauben*. – Das *Pferd* hat einen *spindelförmigen Schädel*, was in der keltischen Überlieferung mit *Epona*, der Muttergöttin in Pferdegestalt seine Bedeutung fand. *Das*

Pferd wird derart dem *Geist*, dem *Wind* und den *Himmeln* zugesellt, was wiederum den *Pegasus* in Erinnerung ruft: das geflügelte Pferd, das gemäß dem Mythos durchs Aufschlagen seines Hufs auf einen Felsen *eine Quelle* (griech *πηγη – pègè*) entspringen ließ. Das Pferd läuft «so geschwind wie der Wind» und fliegt in den Märchen von 1001 Nacht gelegentlich mit *Überschallgeschwindigkeit* (!) von Balsora oder Baghdad nach Indien, China oder Kairo, und wieder zurück …

Auch im *Occitanischen* finden wir die *Raute* bzw. das *fuseau* wieder[13]. Das heutige *Provenzalische* ist natürlich mit dem ursprünglichen Occitanischen nicht identisch. Dieses war selbst in seiner Hochblüte keine codifizierte Sprache mit fester Grammatik und Orthographie, sondern eine multiforme pelasgische Tochter, und so sind auch heute die Facetten seiner Überreste von Gebiet zu Gebiet verschieden. Das Provenzalische dürfte den Rest der ursprünglich größten Sprach-Vermischung – Misch- und Mutter-Sprache – darstellen; denn rund ums Mittelmeer war der Durchzug unterschiedlichster Völker, Stände und Berufe am reichsten: von Süd nach Nord, von West nach Ost. Die vielen Varianten von den Voralpen bis zu den Pyrenäen (wo das Catalanische und Baskische als Sprach-Erben von Atlantis sich dazu mischen) zeigen noch einen schwachen Abglanz des ursprünglichen, durch die oft erwähnten Machtsysteme jedoch gezielt zertrümmerten Reichtums. In gleicher Weise wurden auch die nordisch-keltischen Sprachen Irlands, Englands und Schottlands seit der Invasion von Julius Cæsar (Beauftragter von Rom wie später Pizarro) liquidiert – zumeist durch das schlichte Verbot, sie bei Todesstrafe nicht mehr zu sprechen …

So finden wir im Provenzalischen noch heute die Raute als *Losange*, unter unterschiedlicher heutiger Orthographie – jedoch nicht unter *Los-…* , sondern unter *Laus-…* (heute phonetisch *«los-» …*): *Lauso* bezeichnet einen *flachen Stein* (vgl. griech. *λαας – laas, Gen. laos = Stein*), und so bedeutet denn *lausenjá*: [ein Dach] *«mit Schiefer bedecken»*. Neufranzösisch könnte man dies als *losanger* ‹übersetzen›, was wieder den oben erklärten heraldischen Ausdruck *losangé* ergibt und ihn zugleich erklärt (siehe Abb. 31).

Hübsches Detail für alle Sprach-Liebhaber: Alle provenzalischen *Laus-…*-Wörter (phonetisch *Los-*) assimilieren sich ans lateinische *laus – Lob* (man vergleiche den Ausdruck: *einen Stein im Brett haben*), sodaß die *Raute* als Zeichen des Wohlstands – *los-*

ange – und das Lob – *louange* – auf eigenartige, uralte Weise mit einander verwandt sind (prov. *lausá* und *lausenjá* heißen gleichzeitig auch *loben; – lausádou,* fem. *lausádo,* heißt *lobenswert*). So ist der Ritter, der einen geweckten (*losangé*) Schild trägt, zweifellos ein *lobenswerter – lausenjá* – Ritter. Und die Stadt *Lausanne* hat ihren Ursprung wohl ebenfalls eher von der *Raute – lausán*, und nicht (der spielerische Scherz sei erlaubt) vom *lausanjé* (neufranzösisch *losangier*) – dem *Nudelholz*, womit noch heute die wohlbekannten *Lasagne* ausgewallt werden können … –

Zum Abschluß dieses Kapitels sei nochmals hingewiesen auf den Doppelsinn des Ausdrucks *geweckt*, der ja nicht nur den mit Rauten bedeckten «geweckten» Schild bezeichnet, sondern auch die aus dem Todesschlaf des Falls *geweckte Schöpfung*. Im Märchen ist das sowohl bei *Schneewittchen* als auch ganz besonders im Zeichentrickfilm *Dornröschen* von Walt Disney angedeutet:
Hier überwindet der auf dem weißen Sonnenpferd reitende *Sonnenheld* alle Hindernisse, tritt dem Drachen (*Ophiomorphos = schlangenförmiger* [Ahriman]) entgegen; und da er *als Person* unterliegt, überwindet *sein Geist-Schwert* – Symbol fürs Geistfeuer – *von einer guten Fee gelenkt*, die finsteren Kräfte der übermächtigen schwarzen Nemesis. Der Ritter kann nun durch den *«eröffneten Eingang zum verschlossenen Palast des Königs»* (Titel eines der wichtigsten Traktate der Alchemie) eintreten und gelangt *stufenweise – gradale* auf der *Wendeltreppe* – bis zu der im Todesschlaf geistiger Umnachtung *versunkenen* Seelen-Prinzessin. Nun zieht er die *Spitze der Spindel* aus ihrem *Finger*, worauf er die Prinzessin *wach küßt.* Der Märchentext spricht vom *«ersten Kuß wahrer Liebe»* – das ist eine Metapher für die erste Berührung der im Todesschlaf gefangenen Seele durchs *Eine Licht der göttlichen Liebe* – die Erweckung des Gottesfunkens im tiefsten Herzen. Zugleich erlöst er *den ganzen Palast und alles Volk* – er wird also zu einem Erlöser für Welt und Menschheit – zu einem Christos – und führt die Prinzessin (so wie Jesus die Pistis Sophia) aus der verfluchten Finsternis der schwarzen Fee in die *sonnige Welt wahrer Freiheit.* –

Selbst in den heutigen Bäckereien und Konditoreien spielt die Rautenform als *‹Wecken›* noch heute ihre cabalistische Rolle, sei es in Kleingebäck («Sonnenrädchen»), in geweckten Torten oder Fladen, sei es in rhomboiden Broten oder Brötchen (Abb. 17 & 18).

❋

9. DIE RAUTE UND DIE ENTSTEHUNG DER WELT

Der Zusammenhang der Raute mit der noch ursprünglichen, reinen, göttlichen Stoffwelt bzw. mit deren Entstehung durch Kondensation des Geistes im Laufe der Erschaffung der Welt wird auch entwickelt im Buch *Wassermann-Genesis* (loc. cit.). Diese ist ein Schöpfungsmythos aufgrund der grundlegendsten Symbole (Kreis, Quadrat, Dreieck, Kreuz) in zwölf Artikeln oder *Thesen*, erklärt durch ebensoviele *‹Scholien›* oder Erläuterungen, und Bilder. Von den mit der *Raute* zusammenhängenden Abschnitten dieses Buchs zitieren wir (siehe Abb. 36):

THESE 4: *Als Drittes erschuf Gott die Raute ◊. Und mit der Raute wurde auch erschaffen das Kreuz +, das in der Raute enthalten ist: ⟠. Das ist die geistige Potenzialität der Vier Elemente.*

In der Raute ◊ waren das Dreieck des Feuers △ und das Dreieck des Wassers ▽ noch mit einander vereint – doch ohne Bewußtsein; – Luft und Erde aber waren noch ganz im Verborgenen. – Das war die Fülle der Möglichkeiten (PLEROMA) *im noch ganz geistigen* ERSTEN PARADIES: ⊗

– Und aus den Erläuterungen dazu:

« ... Von eigentlicher Materie kann «im Anfang» noch absolut keine Rede sein. Bei der Raute ist so der Übergang erreicht vom völlig indeterminierten Geist im ‹Chaos› (‹feuchte Wurzelsubstanz›) zu einer durch Eigenschaften determinierten Dinglichkeit (Verhältnisse begreifbarer Kategorien und Proportionen) ...

«Die Schöpfung im Zustand der Raute war noch ganz geistig ... heraldisch vergleichbar dem ledigen Schild, der gewandelt werden soll in den Geweckten Schild. Ebenso mußte das Eine rein Geistige zuerst ins Astrale hinab steigen, dann in ätherische Formen, und erst zuletzt als physische Materie sich herab projizieren auf die letzte, materielle Stufe der Verdichtung im Stoff: Das ist die Kristallisation des Geistes in der Materie, welche wir ‹tot› nennen. Doch es ist zugleich auch die «Fleischwerdung» des Geistes, indem die (ganz geistige) Urmaterie erweckt – geweckt wird zu (ganz geistigen) Formen und ‹später› zu elementischen Ding-Wesen: So erkennt man leicht, warum es im Universum kein einziges Ding gibt, das nicht auch eine Manifestation des lebendigen Geistes wäre – obgleich im menschlichen Sinne unbeseelt und scheinbar ganz unbewußt ...

«Das in der Raute stehende Kreuz ⟠ jedoch bezeichnete bereits in der göttlichen, ganz geistigen Lichtwelt die potentielle Trennung in die Vier Elemente: Feuer △, Luft 🜁, Wasser ▽ und Erde 🜃, wie wir sie heute im Stoff ‹kennen› ... – «In der Vierheit der Raute ⟠ sehen wir also bereits eine Vorbereitung der stofflichen Schöpfung – jedoch nur geistig: Die Elemente waren darin erst als Anlage enthalten – als geistiges Potential. Noch war nicht der Stoff der vier Elemente vorhanden, sondern

erst das, was ihre Hauptsache ist: ihre Potenz – ihre Kraft oder archetypische Tugend – ihr geistiger Samen (arab. مني *– maniyw – gleicher Stamm wie mittelägypt.* mni-, Erinnerung, Denkmal, *was den so häufigen Ausdruck* ‹Sa-*men*› *für* ‹Nachkommenschaft› *im Alten Testament erklären könnte. – Die vier Elemente waren also in der Raute erst als archetypische Eigenschaften und Strahlungen enthalten – und Alles war noch Eins*: *ᶜεν το παν – hen to pan: das Eine ist das All,* wie es in der *Chrysopoeia der Cleopatra heißt*». –

Dazu zitieren wir noch aus *The Myth of Perfection of the Platonic Solids* von Robert C. Meurant (Übers. d. Hrsg.):

«In der Hindu-Mythologie wird der Ikosaeder assoziiert mit Purusha als dem samenhaften Bild Brahma's, des allerhöchsten Schöpfers. Dieses Bild ist der Plan des Universums und als solches analog zum Kosmischen Menschen.[14] *Der Ikosaeder ist geeignet für die erste äußere Form, denn alle übrigen Formen entstehen natürlicherweise aus ihm ... Purusha wird vorgestellt als unmanifestiert und als unberührt durch die {manifestierte} Schöpfung, gerade so wie in der geometrischen Konstruktion der äußere Ikosaeder unberührt bleibt durch die übrigen Formen. Purusha projektiert den Dodekaeder von Prakriti ins Innere. Darin wird erkannt das Primat dieser Dualität {Dodekaeder und Ikosaeder} mit der höchsten – d.h. subtilsten – mit fünffacher Symmetrie assoziierten Phi-Beziehung. Der Dodekaeder wird gesehen als Prakriti, die weibliche Schöpferkraft und Manifestation – als die Universelle Mutter, die Quintessenz des natürlichen {stofflichen} Universums. Dieser Dodekaeder berührt alle Formen der Schöpfung im Inneren ihres schweigenden (silent) beobachtenden Partners. Innerhalb der dodekaëdrischen Mutter der Schöpfung entsteht der Kubus der Stofflichkeit (= Materie) und unterteilt sich ganz natürlich in einander durchdringende positiv und negativ polarisierte Tetraeder. Damit demonstrieren sie die fundamentale dualistische Oszillation der materiellen Schöpfung des Universums ...*

«Das Resultat dieser harmonischen Wechselwirkung der Gegensätze ist der Kubus {→ ‹Incubation›!} als materielle Existenz. Im Herzen dieses Würfels findet man den Oktaeder als diamantische Essenz des Stoffs {Anm. d. Hrsg.: Die Kristallstruktur des Diamanten ist der Oktaeder; → Abb. 36}. *«Innerhalb dieser Essenz – indem man nochmals die Phi-Proportion anschlägt – offenbart sich ein innerster Ikosaeder des Geistes, welcher die volle Oktave verwirklicht: Der Vater in der Höhe hat hervorgebracht die Mutter der Schöpfung, durch die der geistige Sohn incarniert wird. In dieser konzentrischen Sequenz sind die diversen Dualitäten* {Gegensatz-Paare sind Komplementär-Paare!} *in der geeigneten Abfolge angeordnet.*

«Die Beziehungen untereinander respektieren die natürlichen energetischen Strukturen der regelmäßigen Körper. Das kosmologische Schema

und die natürliche Geometrie sind hier in Harmonie miteinander, und daher auch die Dualitäten in Frieden miteinander.» –

(Ende des Zitats nach Meurant).

10. DIE RAUTE IN DER UNIVERSELLEN LEHRE

Wie oben zu sehen war, ist also die Raute sowohl das Chaos vor der Schöpfung, als auch die jeweilige Mutterzelle, das jeweilige Mutterfeld, woraus endlich durch den Willen des WORTS wieder eine neue Schöpfung hervorgehen kann. – Anders gesagt: Die Fülle aller Kosmogonien zusammen, aller Anthropogonien zusammen, aller Schöpfungsgeschichten und Erlösungslehren zusammen waren in der RAUTE bereits *als Keim* vorhanden wie in einem geistigen Mutterfeld: Aus dem *überkosmischen* Urquell ● kam als *makrokosmisches* CHAOS die RAUTE ♦ – *Flamma – Materia – Mater* – und daraus die reine Raute ◊, die, indem der Geist einen *dritten Schleier* überzog, zum geistig elementischen, kosmischen ⟠ wurde. Doch bevor die Elemente sich mischten, konnte kein Stoff entstehen. Das kosmische ⟠ wurde somit gleichsam zur kosmischen *Mutter aller Mütter – Muttergöttin* und *Göttermutter.* [14-A]

Die Raute erscheint auch mehrfach im *‹Stern des Metatron›*. Sie ist die *babylonische Mari* – und zuvor das *Mutterfeld*, das unter der Einwirkung des Heiligen Geistes unsere stoffliche Schöpfung gebären sollte: ‹SIE› war da, noch bevor irgend etwas Bestimmtes erschaffen war, wie uralte Überlieferung aus Ost und West erzählt. Auch die biblische *Ruth* (gleicher Wortstamm wie *Raute* und das alt-ägyptische *Ruʒ – Kraft*) sind in gewissem Sinne *Urmütter*, nämlich die des nachmaligen jahvistischen Religionskonzepts: Das Buch SOHAR geht auf die Muttergöttin sehr befriedigend ein!

Die RAUTE ◊, bzw. eben ⟠ als Oktaeder mit dem darin enthaltenen ⊠ (2 x 4 Tetraeder; → Abb. 36) ist also das Symbol der im Anbeginn noch ganz geistigen, *unvermischten* und daher *unmanifestierten* Vier Elemente in vollkommener *Einheit des Oben mit dem Unten*; und sie liegt auch der heutigen Welt noch immer als ein bewahrtes und bewahrendes mütterliches Potential zugrunde. Ihr ‹Sinn› ist fast die Umkehrung dessen, was übers Quadrat und das in ihm enthaltene Lichtkreuz zu sagen ist (siehe Anm. 11).

Auch diese Verhältnisse lassen sich im Licht der heutigen Zustände in unserer Welt verstehen: So wie in den manifestierten Dingen der Formenwelt □ das *Lichtkreuz* ✕ auf ewig als Kern und Keim enthalten bleibt (im Quadrat einmal, im Kubus 12-mal), so bleibt auch das *Materiekreuz* + auf ewig vom göttlichen «So-oben-wie-unten» der hermetischen Raute ◊ umfangen und als ein ewig Göttliches geborgen. – Da wird es von ur-alchimischem *Feuer* △ und *Wasser* ▽ umströmt und beseelt, die in ihrer Vereinigung *«im Anfang»* als *«Æsch-Maiym» – Feuer-Wasser* – den *Rhombus* oder die *Raute* ◊ ‹formten›. –

Nun sollte der Mensch – im Rahmen einer stofflichen Paradieses-Existenz ⊕ – in sich selbst das Lichtkreuz × neu *er-leben* und *be-leben.* Doch fehlte ihm ein Bewußtsein. Der heutige, dank unzähligen Erfahrungen in MALKUTH bewußt gewordene Mensch kann es – *aus Gnade.* So wird ihm sein *Weg zurück* klar; – so wird in ihm selbst das Licht leuchten; – so *«kommt der Geist ins Fleisch».* – Sein zuerst durch sieben Schleier wie in eine Puppe eingesponnenes Bewußtsein wird er befreien, damit das reine Licht wieder leuchten kann. Dann umhüllt ihn, das *Elemente-Kreuz,* die *Raute* wieder als reines Lichtkleid, wie es im Anfang war (Abb.37). – Dieses Lichtkleid, gebildet durch die *Raute* oder den *Rhombus,* bildet sich, *konsequent symbolisch gesagt,* folgendermaßen[15]:

Die Wiedervereinigung des Kandidaten mit dem ur-pranischen Wasser ▽ und dem ur-pranischen Feuer △ ist, was die Heilige Sprache die *«Wiedergeburt durch Wasser und Feuer»* nennt. Man könnte auch sagen: Durch die sukzessive seelische und geistige Taufe (*Instillation*) mit *Æsch-Maiym – Feueräther* oder *Christusfeuer* – nimmt dieses Lichtkleid, das zunächst nur als RAUTE erschien, an Form und Umfang zu, bis es als ein *oktaedrischer Kristall* dasteht. Dieser *enthält* als größte, aber im Inneren verborgene Ebene das *Quadrat mit dem Lichtkreuz.* – *Nach außen* zeigt er *vier Rauten* bzw. *acht Tetraeder* (vier Duale). Im Innern wird er (Scheidung und Entscheidung!) durchs fünfte Element, den *Feueräther* als Achse, senkrecht durchstoßen, wodurch der gemeinsame Punkt aller acht Tetraeder (der CHRISTOS) mit dem Oben und dem Unten verbunden ist. – Rotiert der Kristall um diese Achse, so entsteht zudem ein sonnenhafter Kreis ⊙. Die im Oktaeder rotierende Raute kann nun als *Spindel* gesehen werden, und zugleich als ein *umgürtet vom Sonnenkreis* ⊙ rotierender, glitzernder Lichtkristall!

Diese rotierende Spindel entspricht der *Mandorla der ‹Maria›* im goldenen ‹Strahlenkranz›: Das ist das *neu-astrale Lichtkleid,* das vornehmlich die Figur der MUTTER – aber auch jene des SOHNS – umgibt:

«Und ein großes Zeichen erschien in dem Himmel: Ein Weib bekleidet mit der Sonne. Und der Mond war unter ihren Füßen, und auf ihrem Haupte ein Kranz von zwölf Sternen» – so heißt es in der *Offenbarung des Johannes* (Off. 12:1).

Das *makrokosmische* (‹archetypische›) *Weib* steht im Mittelpunkt eines *apostolischen Tierkreises.* Der umgibt das IO, die 10: das VATER-MUTTER, das auch durch ⊙ und ☽ , bzw. wie andernorts erklärt, durch ⌒ und ◡ *darstellbar ist.* Nebenbei sei erwähnt, daß manche alten Universitäten sich eines Siegels in ovaler oder *Mandorla*-Form bedienten, was genau ihrer Bezeichnung als *«Alma Mater – Nährmutter»* –entspricht (Abb. auf Seite 81).

Die Darstellung des SOHNS in der *Mandorla* hingegen begegnet in so manchem Tympanon seit der Romanik, umgeben vom *Quadrat* der vier Elemente – nämlich von den *Vier Tieren* Daniels und jenen der *Offenbarung* bzw. der biblischen Genesis, neutestamentarisch *«die Vier Evangelisten»* genannt. Diese Mandorla – flammende Spindel *im Kubus des Stoffs* (das ist auch ein *Metatron-Kubus!*) – ergibt so als Ganzes ein sterisches magisches Venus-Siegel. Dennoch wird in der genannten Darstellung der SOHN allgemein als *‹Weltenrichter›* interpretiert. - So hat Jesus der Christus sich zwar nie selbst bezeichnet: Erst das viel spätere Römische ‹Glaubensbekenntnis› hat ihn dazu *gestempelt* (Abb. 15). Er selbst predigte *Vergebung unter allen Umständen außer einem.* – Wie nun all dies im Zuge des hier geschilderten Schöpfungsmythos verstanden werden kann, schildern die folgenden Absätze:

. Losange.

Die *Schöpfung*, wie sie in der RAUTE ◊ vorbereitet wurde, war noch ganz *astral geistig.* Zugleich war sie eine *Vervielfältigung des Lichtkreuzes* ✕. Man kann dies heraldisch darstellen, indem ein mit *nur einer* Raute bzw. mit einem *Andreaskreuz* besetzter Schild verwandelt wird in den regelmäßig von zahlreichen Rauten bedeckten, heraldisch *‹geweckt›* genannten Schild. Das ist das zu vollkommener Kraft und Herrlichkeit *wieder-erweckte* (*‹geweckte›*) Herz. Es ist der Schild, der zudem alle möglichen heraldischen Schnitte enthält und gewissermaßen zusammenfaßt.

Diesen *geweckten Schild* kann man – dreidimensional – auch als einen in unzähligen geschliffenen Facetten funkelnden *Kristall* sehen – oder als *Tiegel* mit dem *ʿαλς χριστου – hals Christou – Christus-Salz*: als einen tausendfältig glitzernden, *fließenden Lichtkörper.* Ebenso mußte das Eine ganz Geistige herabsteigen: zuerst als ein noch geistig Astrales, dann als ein Ätherisches, um zuletzt sich herab zu *projizieren* und zu *kristallisieren* in einer Form stofflicher Verdichtung in *Malkuth*: Das ist die Erstarrung des Geistes in der Materie, die – verglichen mit *«Licht, Wahrheit und Leben»* – ziemlich zutreffend «lebend tot» genannt wird. Von dort aus kann dann die neue Lichtgeburt in JESUS/JESOD (die Tür) beginnen: im *erneuerten Herzen* (Mandorla, ‹Raute›, ‹Maria›) bis zu der in der Alchemie so wichtigen *Vervielfachung* des feuergeborenen Gottessohns: des vom *Feueräther* durchdrungenen, ‹wiedergeborenen›, d.h. transfigurierten *Christus-Menschen.*

Jetzt stehen neben einander: Ein Kreuz ×, das ganz besonders mit Licht und Geist verbunden ist – und ein Kreuz +, das der stofflichen Manifestation des Geistes in der Menschheit nahe steht. Das *stehende* Kreuz + in der Raute kündigt jedoch – im Gegensatz zum *Lichtkreuz* × – bereits in der göttlichen, ganz geistigen Lichtwelt die Trennung der potentiellen vier stofflichen Elemente □ in Feuer △, Luft 🜁, Wasser ▽ und Erde 🜃 an, wie wir sie heute kennen. Darum gehört als ‹Fazit› zu der in den Stoff hinein projizierten, *‹gefallenen›* Welt das Zeichen ♁ – das ist die durch die vier stofflichen Elemente dominierte, vom Geist ‹geschiedene› Welt. Der Kreis – O – gilt nämlich auch als Symbol für den Geist; das Kreuz + auch als das der vier Elemente, die durch ihre Verdichtung im Stoff *sichtbar und fühlbar, erfahrbar und überwindbar* geworden sind dank dem *Kreuzweg durch den Stoff* in dessen unzählbaren Realitäts-Formen.

Auf diese Weise durchdringen sich die Bedeutungen von Kreis und Kreuz im *Zweiten Paradies* ⊕ im Sinne des zitierten Texts der *Wassermann-Genesis.* Darum ist die Darstellung für die *im Stoff erstarrte Welt* das allbekannte *Erd-Zeichen* ♁, worin nicht mehr, wie im Zeichen der Venus: ♀ der Geist die Materie lenkt, sondern der Stoff den Geist beherrscht.

All diese Symbole sind *mehrdeutig* und sollen stets *mehrdimensional* betrachtet werden: So erinnert das Erdzeichen ♁ auch an die zukünftige *Überwindung* der Stoffwelt durch *Entstofflichung* dank dem *Feueräther* – d.h. durchs *Geistfeuer*. Das ist die Rückkehr der stofflichen Schöpfung ins erste Paradies ⊗, woraus sie ‹gefallen› ist und derzeit immer noch weiter fällt. Jene Rückkehr – jenes *Entsteigen* – geschieht in der *sechsten Dimension* (✡) mit Hilfe der *fünften Dimension* (⛤), dank der senkrechten ‹Achse› im Zentrum des ⛤: Dann wenn der *Feueräther* sich als *Christuskraft* ganz in den gespaltenen Mikrokosmos **Y** eingesenkt und ihn so zubereitet hat für das Entsteigen in ᛉ als ein göttlicher *Christall.*[16]

In der alten christlichen Ikonographie hält Christus als *‹Herr der Welt› – ‹Pantocrator›* den vom Kreuz dominierten ‹Reichsapfel› auf der Hand, in menschlicher Fehlinterpretation seines Auftrags auf Erden: Ein ‹königlicher Priester› ist kein Herrscher im irdischen Sinne, sondern ein göttlicher Diener! (Vgl. Abb. 13)

Warum wurden Kaiser auch abgebildet mit dem Erdzeichen ♁ in oder auf der *Krone*? – Kränze und Kronen sind ursprünglich Zeichen des zum solaren Bewußtsein erwachten Menschen; für Mysten, Bacchanten, geistige Könige. – Die ironisierende Form der Dornenkrone in der jüdisch-christlichen Ikonographie für *Jesus den Christus* kommt bereits bei *Mithras als Weltenfürst* vor: *Dornen* symbolisieren *Feuer* (Abb.13)! – Die Krone der heutigen englischen Königin mit dem Kreuz über dem gewölbten, *purpur*-samtenen Kronhimmel ist daher eigentlich eine Kaiserkrone – also ein ominöses *Weltmacht-Zeichen …* —

Feuer und Wasser stehen einander gegenüber wie die unzähligen Gegensatz-Duale: Nacht und Tag, Aktiv und Passiv, Geburt und Tod etc. Ihre Vereinigung in der RAUTE ◊ signalisiert sowohl ihren Ursprung als auch ihre Rolle im Zusammenspiel des Universums.[17]

Die *ganz unbegreifliche* Einheit aller ‹gegensätzlichen Prinzipien› bereitet Theologen wie Wissenschaftlern seit Jahrhunderten viel Kopfzerbrechen – besonders seit aus bekannten Gründen Bibelkunde und Naturkunde gewaltsam zur Übereinstimmung gebracht – und dadurch *beide unglaubwürdig gemacht* wurden.

❋

Dem interessierten Leser wird in den vergangenen Seiten klar geworden sein, wie grenzenlos vielfältig die Symbolik einer einzigen Glyphe sich erweisen kann – insbesondere im Falle der Raute. Eine abschließend vollkommene Beschreibung und Erklärung auf allen Ebenen erscheint unmöglich; es mögen also die gegenwärtigen Ausführungen genügen.[18]

❋

Abschließend kann festgestellt werden, daß die *Raute* in früheren Zeiten unter vielfältigen Bezeichnungen mit den unterschiedlichsten Gebieten menschlichen Lebens auf allen Ebenen in Verbindung gebracht wurde – von Acker und Küche der *Bauern* und den Waffen der *Krieger* über die Söller adliger Damen und die bunten Dächer von Kirchen und Tempeln bis ins Lab-Oratorium der *Philosophen durchs Feuer* und in die wörtlichen, bildlichen und gestischen Traditionen der ‹geheimen› ‹esoterischen› und ‹magischen› Gesellschaften im Rahmen der ‹okkulten› Geisteswissenschaften, wobei wie bereits angemerkt der Ausdruck *Okkultismus* per se gar nichts Anrüchiges hat, sondern nur all das bezeichnet, was dem gewöhnlichen Menschen mysteriös», also der Masse *verborgen – occultum –* und nur dem *‹eingeweihten›* Schüler der Mysterien – dem *Mysten – μυστης, Mystès –* zugänglich ist. Damit steht die Raute gleichwertig neben den klassischen geometrischen Symbolen: Kreis, Dreieck Quadrat und Pentakel, und neben den unterschiedlichen Sternen mit drei bis sieben oder mehr ‹Zacken› oder ‹Strahlen›. Die Beispiele könnten noch durch viele Details erweitert werden (z.B. um die ‹Blume des Lebens› und den sog. Metatron-Würfel, die beide bereits selber zu zahlreichen wichtigen Abhandlungen geführt haben. – In weiteren Sprachen und deren Varianten nachzuforschen bleibt hier also dem interessierten Leser selbst überlassen.

Mögen die hier skizzierten Hinweise zu weiterem Fragen und Antworten führen – und damit zu erneut lebendiger Bindung mit der zeitlosen, allen Kulturen gemeinsamen ‹primitiven› Symbolsprache, die eine Brücke bildet über alle Grenzen hinweg, und die von allen darein Eingeweihten in brüderlicher Freude geteilt wird!

TEIL II

DIE RUNEN
UND IHR BEZUG ZU DEN
HIEROGLYPHEN

Ägyptisches Ostrakon mit Inschrift betreffend eine Grab-Inspektion (ausgestellt im British Museum). Man erkennt hier deutlich zweimal die Rune TIR, ↑, die *in keiner Hieroglyphen-Tabelle erwähnt* wird. (Bildquelle: Internet)

11. QUELLEN UND AUSGANGSPUNKT

Hauptquellen zu diesem Kapitel sind u.a. zwei komplementäre, empfehlenswerte Bücher.[19]

Die unterstrichenen Nummern im Text entstammen den Versen von ODIN in der *Edda*. Wo solche Nummern fehlen, wurden (aus Gründen esoterischer Logik) Nummern in Klammern ergänzt. Damit kommt man auf 24 Zeichen gemäß Tegtmeier, plus vier weitere gemäß Faulmann. Allerdings kommen diese vier Zeichen auch in den Schriftwiedergaben von Tegtmeier vor. Der zweiten Quelle wurden auch noch die alternativen Namen für die Runen sowie das alternative Zeichen für 6, KENAZ / KAUN (<) entnommen: Ersteres erscheint plausibler, letzteres erhält dennoch bei 10, JERA wieder seinen Sinn: Die Antithese für *Feuer* < wäre ja *Wasser*, logischerweise also >, – sodaß JERA, mit den beiden ineinander greifenden, doch *getrennten* Elementen (< und > → ≷) zu einem der *Yin-Yang*-Figur ☯ gleichenden Zeichen wird, was auch tatsächlich seiner Bedeutung entspricht. Werden dieselben beiden Winkel-Elemente Fuß an Fuß zusammen gefügt, so entsteht eine RAUTE ◇ BZW. die Rune INGWAZ/INGALA. – Diese steht für alles Feste, aus den irdischen Vier Elementen Gefügte: Haus, Acker, Zaun sind die unbeweglichen Güter der irdischen *Seßhaftigkeit* par excellence, die *vererbt* und mit *Tradition und Sippendenken* verbunden werden. Diese entsprechen bereits dem Silbernen und kupfernen Zeitalter – der ‹historischen Bronzezeit› mit ihren Pfahlbau-Siedlungen und Langbauten aus Holz am Übergang von kupfernen zu eisernen Werkzeugen und Waffen.

Ob sich die *kubische Form* aus dieser Symbolik (Erde, 4 Elemente, INGWAZ) eingebürgert hat? – Und ob, im Gegensatz dazu, das Wigwam der *nomadisch und kosmisch* gemeinsinnig geprägten Indianerzelte und mongolischen Jurten mit ihrer runden Form ans Goldene Zeitalter (Sonnensymbol: ⊙) erinnern sollten? – Die aus relativ flachen Steinen trocken aufgebauten *‹Bories›* (Stein-Iglu's, außen kubisch, innen rund) in Süd-Frankreich und Pyrenäen suggerieren eher die *Geborgenheit* der Gebärmutter (Stamm *«bera»* / *«bora»*).[20] Die modernen Würfelbauten unserer Großstädte dagegen sind deutlicher Ausdruck unbesonnenen Tuns *ohne Geborgenheit*.

12. HINWEIS ZU DEN ENTSPRECHUNGEN

Die hier gezeigten Entsprechungen sind diskutierbar: eine subjektive (und doch oft die einzig mögliche) Wahl; – besonders wo Lautverschiebungen und -Entsprechungen Silben und Laute ergeben, die das Mittelägyptische (laut akademischer Ägyptologie) «nicht kannte». Mancher Hinweis blieb leise im Hintergrund; der ‹verständige Leser› wird das Goldkorn im Schürfsieb doch blinken sehen.

Im Besonderen ist es außerordentlich unwahrscheinlich, daß während vier tausend Jahren *keinem einzigen Menschen* des zahlreichen, differenzierten und kultivierten ägyptischen Volkes der Laut **L** über die Zunge gekommen sein sollte, während Phœnizier und Griechen, Chinesen und Inder, Araber und Afrikaner diesen Laut normal benutzten – ja zum Teil dem **R** vorzogen. Phonetische Herleitungen müssen daher nicht nur die phonetische Æquivalenz von **R** und **L** beachten, sondern auch jene von **L** und **N**, die aus der keltischen Lautverschiebung und aus jener der Phonetischen Cabale (*«Sprache der Vögel»)* bekannt ist – nebst anderen Gesetzmäßigkeiten aus der Letzteren. –

Wie dem auch sei: die Ergebnisse sind schon so überraschend genug und erstaunlich weitführend. Dasselbe gilt für teils graphische und figürlich symbolische, teils für lautliche Übernahmen der Runen in andere «indoeuropäische» Sprachen.

Es ist nun hier nicht möglich, die Diskussion aufzunehmen über den höchst zweifelhaften Terminus *indogermanisch* (warum gerade «indisch»? Warum «germanisch»?): Grundsätzlich wäre eher von der *arischen* Sprachfamilie zu sprechen, die im Laufe unserer arischen Welt-Epoche aus der (den) atlantischen Wurzelsprache(n) hervorgegangen wäre. Andererseits kann man – auch auf der Basis des sehr interessanten und plausiblen Buchs – *Les Celtes dans la Bible*, in Verbindung mit dem erwähnten Buch von H.R. Hitz und demjenigen von R. Khaitzine – den Schluß ziehen, *alle* heute *geschriebenen* Sprachen seien über die «keltischen Lautverschiebungen» mit einander zu verbinden. [21]

Diese Behauptung möchte der akademischen Sprachwissenschaft zweifellos abstrus erscheinen, weil sie nicht in die streng behütete Version der biblisch fiktiven sogenannten Weltgeschichte paßt. Vor dem Hintergrund vertiefter esoterischer Wissenschaft jedoch führt sie zu höchst plausiblen Schlußfolgerungen. Daraus ergibt sich nun folgende interessante Hypothese:

13. DIE SOZIO-KULTURELLE HYPOTHESE

Die «Kelten» – *letzte* Fackel-Träger der versunkenen Hochkultur von Atlantis – haben nach dessen Untergang die ganze Erde überwandert – und zwar auf dem Euro-Asiatischen Massiv von West nach Ost – von der Iberischen Halbinsel bis zum Indischen Ozean, *und zurück.* Auf Ihrem Weg trafen sie – in einer Mischung aus Bestandes-Aufnahme und Missionierung nach der atlantischen Sinthflut – auf Stämme und Siedlungen von «Ureinwohnern», bzw. auf Reste Überlebender aus diesem und früheren Kataklysmen, die sie nicht nur ans alte Wissen und alte Techniken erinnerten (z.B. das Zahnrad, Elektrizität, Heil- und Giftpflanzen), sondern auch an eine nach den uralten Gesetzen von Klang, Bewegung, empathischem Sinn und echtem Verstand konfigurierte Grundsprache – sozusagen das minimale *Grund*-wissen (*«woher? – wohin? – wozu?»*), das zum Neu-Aufbau einer Hochkultur nötig ist.

14. SYSTEMATIK DER RUNENSCHRIFT

Die Runen-‹Schrift› ist eher ein mnemotechnisches Zeichen-Spiel: Zeichen geben / zeichnen / bezeichnen, entspricht dem Grundsatz äußerster Vereinfachung. Ihr Grundelement ist der *vertikale Strich in voller Höhe* (Eins-heit): Rune «IS» – mit der Bedeutung der «Kraft aller Kräfte», des «Lichts aller Lichter». Sie bleibt – Pietät und Ehrfurcht erlauben nichts Anderes – stets ganz und unberührt, sowohl in ihrer Ganzheit als auch in ihrer herrschaftlich senkrechten Stellung. Dies ist der Grund, weshalb sie in untenstehender Zusammenstellung an vorderster Stelle erscheint – als Null – O – *Nabel, Auge, Quelle* und *Ursprung* (das arabische Aiyn ع) – wie die «Schwarze Sonne» – Kreis ohne Punkt, ●, da sie der Punkt selbst IST. Der senkrechte, Strich der *vollen Einheit* entspricht also dem *kosmischen Vater-Gott* – dem «*Schwarzen Osiris*».[22]

Nur *ein* weiteres Element erscheint außerdem: Der *geteilte, gebrochene* – sozusagen *un-ganze* und *schiefe* Strich wird zum Ausdruck für alles was *außerhalb des Vaters* steht – keine Punkte, keine Kurven, keine Kreise. Er wird jedoch nie allein benutzt, sondern zumeist in Verbindung mit der *senkrechten Einheit* – sei es an diese *angesetzt*, sei es diese durch-*kreuzend.* – Dort, wo es scheint, die *Einheit* sei schief benutzt worden (MANNAZ und DAGAZ), handelt es sich in Wirklichkeit um *Spiegelungen* von Zeichen (THIRWAZ und WUNJO), die der obigen ‹Regel› entsprechen, gleichzeitig aber auch Stufen der geistigen Erneuerung des Menschen darstellen, die ihn dem entgegen bringen, was Esoteriker die *Sohnschaft Gottes* nennen, die in Bestätigung des oben Gesagten durchs ‹Andreaskreuz› × dargestellt wird.

Eine einzige Rune erscheint zusammengesetzt aus zwei schiefstehenden ganzen Strichen, und zwar in Form eines *Kreuzes*– X – die Rune GEBO (X, Wert G oder Ch – griech. χ = ch). Deren höchste Bedeutung (die «niedrigen» betreffen immer gewöhnlich-menschliches Tun und Wollen) ist einmal mehr nichts weniger als *Geist – Licht – Leben*, und entspricht damit dem SOHN, dem universalen CHRISTOS.[23] Das *Kreuz-Zeichen*, ob × oder +, ist ein uraltes Symbol. Man kann jedoch GEBO auch als Vereinigung der Kräfte *von Oben* mit denen *von Unten* verstehen – und zwar wiederum aus gebrochenen Stäben (Winkeln) zusammengesetzt: ᚷ ↔ X ↔ ᛞ ↔ ◊.

Nun könnte man sich fragen, ob die ‹Urheber› des FUThARK die Unterschiede ausdrücken wollten zwischen ‹linken› und ‹rechten›, auf- oder absteigenden «Halblängen», wodurch diese in vier Unterbedeutungen differenziert würden. Das ist anzunehmen, wäre aber noch – auf Grund des esoterischen Sinns der entsprechenden Runen und Zeichen auf ‹keltisch-christlichen› Steinbildern und Wegkreuzen zu untersuchen …

Eine weitere Überraschung ist diese: Die Namen der ersten sechs Zeichen wurden zur Bezeichnung für das ganze Runen-System, das übrigens für jegliches harte Material geeignet ist und mit jeglichem harten Gegenstand *gezeichnet* oder geformt werden kann. Daher der Ausdruck FUThARK, (wie «ABC» oder «Alpha-Bet»), wobei die Anfangsbuchstaben der Namen der Zeichen groß geschrieben werden. Schreibt man umgekehrt – also futHark – so entsteht zwar dasselbe aus *sieben* Buchstaben zusammengesetzte Wort; aber hier steht in der Mitte (*verborgen*) die EINS: Der Buchstabe H (griechisch H oder η – *ètha,* – letzteres zu unserem h geworden, im modernen Griechisch jedoch als «i» ausgesprochen entsprechend der Rune IS) ist nichts anderes als der Ur-Hauch – also der GEIST*, der im Anfang war*, ist also mit IS identisch! Besteht nicht auch gemäß uralter Überlieferung der Name Gottes *«aus sieben Buchstaben»*? – Weiter in die Tiefe zu gehen ist hier nicht der Ort. – Nun möchte Jedermann vielleicht einwenden, beim Wort futHark – oder FUThARK, was symbolisch also auf dasselbe heraus kommt – handele es sich lediglich um den Beginn des Runen-‹Alphabets› und damit um eine mehr oder weniger ‹zufällige›, arbiträr pragmatische Formel. Dem widersprechen wir nicht. Wir ergänzen lediglich, daß – abgesehen von der Diskutierbarkeit des Begriffs *Zufall* – auch die übrigen ‹Alphabete› fest vorgeschriebene uralte Reihenfolgen haben, die zwar zu mnemotechnischen Hilfen *gewor-*

den sind, sich jedoch unterscheiden nach ihrem Ursprung: ob *westlich des Euphrath* oder *östlich* von ihm. Man dürfte auch sagen: *westlich* vom «UR-geschichtlichen», d.h. nach-sinthflutlichen *Anfangs- und Mittelpunkt der Welt»* – UR – oder eben *östlich* davon. Zur Zeit von *Atlantis* war dieses selbst der Mittelpunkt – *Omphalos* – weshalb auch die Kelten den *Weltenbaum Yggdrasil* (Esche, Eibe oder Eiche) in jener Gegend sahen. *Avalon – Abelion* oder *Abylon* – ist dem späteren *Babylon* und Gott APOLLON-ABELIO nicht unähnlich. Ergänzen wir noch, daß dem Weltenbaum (‹Pol› = Pfahl, Pfahl = Baum) am Himmel der *Polarstern* entsprach!

Daß bei den Amerikanischen Kulturvölkern (Tolteken, Azteken, Inca's, Itza's, «Indianer») dieselben Sprachgrundlagen sich finden, widerspricht obiger Aussage nicht, sondern unterstreicht noch deutlicher den *gemeinsamen Ursprung* aller derzeit auf der Erde bekannten Zivilisationen und menschlichen Ausdrucksformen – nämlich eben das Mutterland und die Mutterkultur von *Atlantis* – oder die eines um einen oder mehrere vorausgehende Kataklysmen früheren Mutterlandes, ob man es nun *Kaskara, Mu, Lemuria*, *Hyperboräa* oder wie auch immer nenne.

15. RUNEN – RUMPF-SPRACHE, RUMPF-KULTUR ODER GAR KONDENSIERTE WEISHEIT?

Was zu Beginn der *Arischen* Epoche getan werden mußte, muß zu Beginn jeder neuen Menschheits-Epoche wieder getan werden: Das unsichtbare *Netz wissender Menschen*, die im Bewußtsein und in der inneren Kenntnis der *Gemeinschaft im Geist* – jener ursprünglichen, «unerschaffenen» Urkraft, die niemand zu nennen noch zu kennen vermag – mit einander verbunden sind, muß von Grund auf neu aufgebaut bzw. aus seinen Resten wieder zusammengefügt werden, wie das die *Masche* eines Netzes – die *Raute* der Rune OTHALA in ihrer Bedeutung: *Wurzeln, Ahnenerbe* sowie *‹Gesetz-in-Freiheit›* – andeutet (siehe Abb. 35).

Ob das heutzutage überlieferte Runen-«Alphabet» – und *welche* seiner Varianten – vollständig oder gar über-vollständig sei, steht nicht zu beurteilen. Möglicherweise gab es noch Zeichen, die überhaupt nur *durch Bewegungen gedeutet*, nie aber «geschrieben» werden durften: Gewisse uralte Symbole bestätigen diese Annahme. Inwiefern die untenstehend zusammengetragenen Beziehungen genau zutreffen, sich ergänzen, sich widersprechen oder redundant sind, sei vorderhand dahin gestellt. Auch die Tatsache, daß die Runen – wie jedes Symbol, jedes Schriftzeichen bis hin zum weltweit bekannten «latinischen» Kreuz – zu ‹schwarz-›, ‹grau-› und ‹weiß-›magischen Zwecken benutzt, also zum Teil arg mißbraucht wurden und werden, darf uns hier nicht bedrücken: Hier geht es ausschließlich darum, durch eine kurze und übersichtliche Zusammenstellung zweier scheinbar ganz unabhängiger Sprach × Schrift- resp. Schrift × Sprach-Systeme einen weiteren Zugang anzudeuten zur wundersamen Tiefe dessen, was den Menschen von seinen Mitgeschöpfen unterscheidet: Die Fähigkeit, Gedanken – das sind *Emanationen des Welt-Geistes* – durch den *menschlichen Geist* zu fassen, in *hörbare* und *sichtbare Formeln*, Zeichen und Laute zu übertragen, zu überliefern, derart mit anderen Bewußtseins-Typen zu *teilen* – ihnen *mitzuteilen*, und so bleibende Spuren zu hinterlassen für spätere Kulturen und Epochen, die dereinst wieder neu beginnen werden unter Umständen, die den Folgen einer Sinthflut nicht unähnlich – obschon ihr *entgegengesetzt* – sein könnten. Epochen, wo aufs Neue allein mit geeigneten Steinen, gebranntem Lehm, Knochen und ominösen Artefakten begonnen werden muß, weil Besseres noch nicht wieder zur Verfügung steht und kein technisches Wissen (‹Eingeweihten-Wissen›) einen direkten Nutzen bringen könnte – weil es dannzumal verloren ist und erst von viel späteren Generationen «neu erfunden», d.h. aus der Akasha-Chronik intuiert, imaginiert und genutzt werden kann, so wie das aus der jüngsten Vergangenheit und Gegenwart bekannt geworden ist – z.B. die Pyramide von Gizeh als globales Kraftwerk und ‹Technik-Museum›, Zahnräder, γ- und Laser-Strahlen, etc.

So greift *menschliche Art* dort ein, wo Vergänglichkeit und Unvergänglichkeit einander berühren und ineinander greifen, wie die beiden Elemente der Rune JERA im kosmischen Kreislauf: Als Bindeglied zwischen der ewig gültigen geistigen Welt des Göttlichen und der ephemeren, stets illusorischen Welt materieller Dinge steht der Mensch da – wirkt menschliches ‹Denken›, d.h. *halbgöttliche Art* – an der Vollendung der Schöpfung mit, wo die *Wirksamkeit der Natur* an ihre gesetzmäßigen Grenzen stößt.

Dieses gottmenschliche Wirken nun möchte die Nebeneinanderstellung von Runen und Hieroglyphen nebst einigen anderen Symbolen dem interessierten Leser sichtbar machen.

16. BEISPIELE VON ENTSPRECHUNGEN

ᛁ (‹NULL› – Ø) IS(a) / YS

Eis (!), Schnee / Chaos /Schwärze / Finsternis / Stille; Schweigen vor der Trennung von Schwarz und Weiß, von Gut und Böse, von Licht und Finsternis – kurz: aller Gegensätze.

IS ist das Spannungsfeld, worin Eis und Feuer noch ursprünglich vereint sind. Daraus ‹entsteht› die Schöpfung. Daher ist IS das Ur-Prinzip, die Ur-Energie – der Energiefluß des Anfangs *«in Principio»* – ist deren Hervorbringer, Zerstörer und Bewahrer zugleich.

Und ganz *vor Allem* ist **I** die primäre Urkraft, der Urwille des überkosmischen All-Vaters, der auf EINS – **I** – Alles entstehen läßt.

Hieroglyphische Entsprechungen:

 – *js* = Frage: *«ob ... ?»* und

 – *js – der Sehr-Alte* (vgl. Aiyn-Soph im Baum der Sephirot!)

ᚠ (1) FEHV

Vieh (schweiz.-mundartlich *«Feh»* und franz. *Bétail* sind derselbe Stamm); fahrbare Habe; materieller Wohlstand und Macht; Gold, Silber, Geld als Energiefluß; auch Fruchtbarkeit, Erwerb, Vermehrung und Vernichtung von Gütern (was daher nebenbei an SHIVAH erinnert). – Dazu noch: Entfaltung; Unbefangenheit gegenüber den materiellen Gütern: «*Großzügigkeit gefällt Gott*».

Astrologische Entsprechung: ♈, ♈ Widder – mittelägypt. *achnmw* mit Determinativ *Widder* (wie der *Schöpfer-Gott* CHNWM).

Hieroglyphische Entsprechung:

 – *f3w* (‹*fāu*›) – *Herrlichkeit, Majestät, Glorie,*

 – *f3w* (‹*fāu*›) –*Zufluß an Lebensmitteln.*

ᚢ (2) VRVZ

Vitalität, körperliche Gesundheit, Saat, Kraft der Erde, Zeugungskraft, irdische Verwurzelung.

Astrologische Entsprechung:

♉, Stier – (dem auch das Zeichen ähnelt) – der Auerochse = Ur mit den großen Hörnern; im Mittel-Ägyptischen *Starker Stier* genannt und besonders auf den Pharao angewendet. Männliches Erdzeichen par excellence, zugleich aber auch ein Sonnen-Tier.

Hieroglyphische Entsprechungen:

– *wr* (*«u^{e}r»*) *groß, heilige Größe, heilige Fülle* (im Goldenen Zeitalter wurde noch *Alles – in natürlicher Esoterik* — bewußt als heilig empfunden!)

– *wrt* (*«u^{e}r^{e}t»*) – *Größe, Erhabenheit, Fülle*

– mit Determinativ der *Verehrung – der Erhabene.*

ᚦ (3)THVRZIAS / THVR oder THOR

Der Dorn. Als solcher ein Feuer △; auch Hammer (z.B. jener des Gottes Thor!), und verbunden mit Gewalt, Überwindung von Hindernissen, Be-*wältigung* (franz. *terr*-assement) der Feinde. Als solcher dynamisch die Betonung von Polarität und Gegensätzen.

Astrologische Entsprechung:
♇ (Pluto), auch *«Hammer Gottes»* genannt.

Hieroglyphische Entsprechungen:

Determinativ in – *srt* (anstatt *trs*!) – *Dorn*; und ebenso in – *std* – *scharf, spitz, hart.*

– *dtw* – *verehren, anbeten*; und mit gleicher Bedeutung:

/ – *ṯw-wr* – *Großer Thron*, æquivalent zu *Macht* (vgl. Dionysos Aeropagita, *Hierarchien der Himmel*: die ‹Throne›).

ᚨ 4 ANSUZ

Das Element 🜁 – *Luft* im weitesten Sinne: Atem, Blas, Wind, Odem. Daher auch ODIN als Allonym für WOTAN – und dann göttliche Extase, Be-*Geist*-erung, *In-spir*-ation, Schöpfungskraft, Kunst, *Gesang* (besonders *magischer*!), Erfindung (daher auch Zauber), – und jede Form von *Atem* der durch den *Mund* geht. Darum auch «eingeblasen»: GEIST – WORT – SOHN – folglich auch spirituelle Erhebung (*«feu sacré»*), Befehl (Gebot) – und noch die ‹eingeblasene Prüfungs-Antwort›.

Astrologische Entsprechung:
☿ ☌ ♅ i.S.v. Inspiration, Intuition, *Gedankenblitz,* «blitz-gescheit».

Auf der Grund-Oktave gewöhnlichen täglichen Lebens: Sprachlicher Ausdruck,. Überzeugungskraft, Poesie. Und noch: Amulett gegen Diffamation; Talisman für Intuition und Sensitivität.

Hieroglyphische Entsprechung: (*swt – «sūāt»* für *swz «sūʒ»*)
– [s3]-n-*swt – prädestinierter Thronfolger (Dauphin* – später: *Erstgeborener Sohn).*
Aufgeschlüsselt in Silben:
– *^{c}3* = *«^{c}ā»* – *groß* (vgl. Quechua: *Aẖ* für «groß[er]» oder «mächtig[er] ...», z.B. ein Gott, ein Beamter, Palast u.dgl.)
– *^{c}3 Erstgeborener Sohn / Ältester / Dauphin.*
– *^{c}3a nswt – großer König.*
nswt – (sakrale) Flamme / Feuer
Also im Ganzen Bedeutungen wie *Großer König, großer Sohn, Feu Sacré* = Großes Feuer = Geist.

Hieroglyphisch-graphische Entsprechung:
– das Ideogramm für *Gott – nṯr* .

ᚱ 5 RAIDHO / RUDH

Das *Rad*. – Gemäß TAROT: der *Wagen* (Arcanum VII) – der Kampfwagen; dafür kurz: der RITTER i.S.v. *Kämpfer, Streiter* im barock-christlichen Sinne. – Die ROTA (auch «Geburts-Rad» für Horoskop).

Darum auch der *«einsame Ritt auf langem Weg»* (die Queste); verbunden mit dem Bild des Pferds, und daher der *«Sprachcabale»* des Eingeweihten *(Cabalero – Ritter).* – der *«Reiter auf einem sicheren Pferd»*, der sein Ziel – die höchste Einweihung – unbeirrbar und diszipliniert aber ohne Sturheit verfolgt.

Auf derselben Ebene: Die Dinge nehmen wie sie sind (Gleichmut); das Erkennen der Interaktionen in der natürlichen Welt, in der natürlichen Dynamik und im natürlichen Rhythmus (das Gegenteil wäre Dogmatismus, Engstirnigkeit, ‹Trennung›, Energieverlust und Bindung an die tieferen Ebenen).

Die Forderung, daß dieser Reiter seinen Pfad *auch mit Freude* verfolgen solle, ohne ständig aufs Ziel zu starren, erinnert an die Zen-Devise: *«Das Fliegen, nicht das Treffen ist des Pfeiles Lust».*

Auf der Grund-Oktave des täglichen Lebens ist RAIDO, das Sonnenrad, der Natur-Kreis und steht für die natürlichen Zyklen, daher auch für Rhythmus, Ordnung und makrokosmische Zyklen.

Evolution im Einklang mit dem GESETZ (MAAT). – *Ratio*, deutsch *Rat* i.S.v. *Weisheit*, *Vernunft* (nicht Intellekt!) ; althochdeutsch: *Rad(e)* – Davon der *Rat*, d.h. die *Runde oder der Kreis der Weisen.* – Holländ. noch heute *«met raade doen» – mit Vernunft/überlegt tun.*

Astrologische Entsprechung: das Sonnenrad , ⊙, ⊕, ⊛ , ✵ etc.).

Hieroglyphische Entsprechungen:

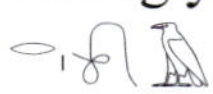 – *rw3 («ruā») – erwägen, etwas zu tun* (*«eruieren»*).

 – *rw3t («ruāt») – Pfad, Weg* (vgl. franz. *route*).

ᚴ / ᚲ 6 KENAZ / KAVN

Element Feuer △.

Flamme, Fackel, Opferfeuer, Herr über das Feuer (KAVN/KAUN in Assonanz zu KAÏN – dem *«Sohn des Feuers»;* und ebenso in Nähe zu TVBAL-KAÏN, dem «Erfinder aller Künste mit Feuer». – Leidenschaft, Hingabe (‹Passion›), Enthusiasmus; Zeuge des freien und befreienden Denkens; Feuer der Zeugenschaft fürs LICHT → *«die Fackel hochhalten».* – Die *Kelten als «Fackelträger».*

Keltisch *khèn* → franz. *chêne*, Eiche = Baum der Kraft; Zeichen für die Lichtkraft, Baum des Bündnisses von Abram mit יהוה, resp. zwischen Jakob und Esau, und an weiteren Stellen im A.T. –

Astrologische Entsprechung: △ = die Zentral-Sonne VULCANUS.

Hieroglyphische Entsprechungen:

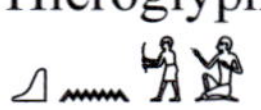 – *qn – tapferer Mann*

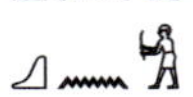 – *qni – tapfer, tüchtig, fähig, stark, standhaft, robust,* auch *überschwenglich.*

ᚺ / ᚼ 7 HAGALAZ / HAGL

«Die Mutter der Runen», das Kosmische Ei; der *«Zerstörer der Schlangen».* – Ein *‹grober Hagel›* bezeichnet in gewissen schweizerischen Mundarten einen *ungehobelten Kerl.* – Vergleich: SHIVAH ist der *Hervorbringer, Erhalter und Heiler* der Welt (eines Kosmos, eines Universums), und zugleich deren *Zerstörer.*

HAGALAZ bezeichnet auch das Gleichgewicht der dualen Gegensätze: *Hagel* und Saat, Keimen und Perfektion, also zyklischen *Beginn und Ende.* –

Weitere Bedeutung: Die *«Vereinigung* von *Feuer* und *Eis».*

Würde man die beiden Runen (KAVN – ᚴ und Is – I) zusammensetzen – also *«Feuer und Eis vereinigen»* – ergäbe sich tatsächlich eine HAGAL: ᚺ! – «Auf den Kopf stellen» von HAGAL hieße, das kosmische Grundgesetz auf den Kopf stellen. KAVN ᚴ allein bedeutet ja Ungleichgewicht. Daß HAGAL auch beim *«auf den Kopf stellen»* gleich bleibt, zeigt die Absolutheit der Urkraft (‹MUTTER› /IS). Diese Ur-Energie erfährt, im Gegensatz zu KAUN, keine Gegensätze, also weder Gleichgewicht noch Ungleichgewicht (beide setzen ja gegensätzliche Kräfte voraus!). Aber KAUN auf den Kopf gestellt ergibt fast die kriegerische Rune IR – ᛦ (lat. *ira* = *Zorn* → Abb. 35).

Die alternative Rune für HAGL – der «STERN» ✱ – ist nichts anderes als eine zentralsymmetrische Spiegelung von KAVN/KENAZ – also von ᚲ oder ᚴ – und tatsächlich ein symmetrisches *Ausstrahlen im Gleichgewicht. – Symmetrie* bedeutet hier: kosmisch elementische Feuerkraft und göttliche Geistfeuer-Energie *in Synergie*!

In der Symbolik der Freimaurer und Alchemisten entspricht der Vereinigung von «Feuer und Eis» – männlichem und weiblichem Prinzip im «Tiegel» (*creuzet* = *Kreuzlein*) – das Symbol ᛞ. Die entsprechende Mischung der Stoffe heißt *Kompost* oder EI;– Und dies wiederum entspricht dem *Schöpfungs-Ei* Brahma's.

HAGALAZ dient auch als Schutzzauber zur glücklichen Verwirklichung ‹keimender› Projekte – Bannzauber gegen «Hagel» d.h. drohende Gefahr. – Eventuell auch als Offenbarungs-Zauber?

Hieroglyphische Entsprechungen:

 – *h3g* (phonetisch *hāg*) – *froh sein*. – Ebenso:

..– *h3g* – *[ein Schiff] anlegen*; (*«Hag»* = *«Zaun»*!).

und noch

 – *h3g3g* – *glückselig sein* (aus *Verdoppelung* von *h3g*).

ᚾ 8 NAUDIZ (NODIZ)

Flutwelle, Bugwelle; – jegliche Art von *Widerstand, Zwang, Mangel* und *Begrenzung*. – Reibungshitze, Reibungsverlust; Schicksal und Heil; – Erfahrungs-Lernen, und daher *Evolution durch Schmerz, Mangel, Hindernisse etc.* – Das ist der *«Amboß, worauf* – durch Ausdauer – *das Schwert* DURANDAL *geschmiedet wird»*.

Auf der unteren Oktave gewöhnlichen Lebens daher: Mangel, Beschränkung, Elend, Schmerz – *Not !*

Astrologische Entsprechung: ♄ (Saturn = 8 !)

Hieroglyphische Entsprechungen:
(*nw für nāw; dwt* für *diz* – siehe Vorbemerkung zu den Lautverschiebungen):

– *n3 – Hinweispartikel: Dies(e/r) hier; – hierher.*

– *n3w – Brise* – also das, was allmählich *vorwärts treibt*, wie ein geblähtes Segel (als Hindernis) im Wind.

(?) – *nwḏw – Oel heraus pressen* (was dem ♄ entspricht, der zuerst Schweiß und Tränen, dann aber "Oel" (der Heiligung) heraus *preßt* – ein Ausdruck, den der Volksmund durchaus im Sinne des menschlichen Lernprozesses benutzt).

– *nwḏwt – Oelung* i.S. v. *Einweihung / Weihe*: Einweihung bedeutet u.a.: *durch Leiden, Demut und Geduld lernen.*

ᚹ 9 WUNJO (in Assonanz zu *Wunsch* und *Wonne*)

Innere Vollständigkeit, innere Fülle; *das «Innere› – ‹Arcanum»;* Gelassenheit, Heiterkeit, heilige Freude; *heil und heilig* sein; innere Kraft, Tugend und Segen.

Auf der ‹Grund-Oktave›: Geteilte Freude in der *Familie*, Bruderliebe, Verbundenheit mit den *Wurzeln* – mit der *Sippe*.

WUNJO heißt: *«Wunschlos glücklich»*; – *«Mit Herz und Hand»*.

Hieroglyphische Entsprechungen:

I I I.– *wnḏw* – Die Ägyptologen sagen: *«Rinder mit kurzen Hörnern»* (vielleicht eher *glücklich hüpfende Kälber*?)

I I I – *wnḏwt – Gesinde, Leute* (männl. + weibl.) ; vielleicht *Sippschaft* – und im weitesten Sinne die *sorglose Menge*?

ᛃ 10 JERA / JARU

Sonnenzyklus; Jahreszyklus, Lebenszyklus, JAHR, kosmischer Zyklus.

Gleichgewicht im Spiel des Yin-Yang ☯ der kosmischen komplementären Duale (Gegensätze), dem die Rune gleicht. Das ist das allbekannte, oft beklagte, in Wirklichkeit aber unverzichtbare Auf und Ab, Hin und Her der sog. ‹Dialektik›: Ohne diese bewegte Dynamik kann das Universum nicht existieren! Darum sinnvoller Weise auch die Bedeutungen: *Fruchtbarkeit, Ernte, «Gute Zeit»*.

Und magisch daraus weitergeführt: Bannzauber gegen *Haga's* – das sind verderbliche *Zaunhexen* (vgl. HAGAL!)

Wer aber in Harmonie mit dem Spiel der Gegensätze lebt, wird dankbar, harmonisch, lebt eine «gute Zeit».

Hieroglyphische Entsprechung:
– *j3-r3 – ein ganzes, heiles und darum auch besonders heiliges Sonnen-Jahr.*

ᛋ / ᛊ 11 SOWILO / SIG / SOL

Das ist der mithräische SOL INVICTUS; das eigentliche Sonnenrad, sichtbar gemacht in der Verdoppelung zur (rechtsdrehenden!) Swastika 卐.

Wille, Sieg, Ruhm, Kohärenz; – Lebenskraft und Hoffnung: SS und ZZ stehen für die ‹Dreifache Jungfrau› des antiken Tierkreises: VIRGO-(CERES)-SCORPIO; auch für den Ursprung von ‹Gut› und ‹Böse›, OPHIS und OPHIOMORPHOS – die *Sonnenschlange* (Ouroboros) oder CHRISTUS einerseits, die «böse Schlange ENLIL-JALDABAOTH» andererseits. Darum – gemäß H.P. Blavatsky in *Isis Unveiled – «bezeichnen sie auf magischen Gegenständen den Einfluß übler Schlangenkräfte der Schwarzen Magie». –* Man findet das S.S. auch auf den sakramentalen Kelchen der Römischen Kirche, wo es *«die Gegenwart des Heiligen Geists vorstellen»* soll. –

Diese Ausführungen würden dann auch die Verwendung der Doppelrune ᛋᛋ im 20. Jahrhundert erklären. Und wir verweisen auf die Vorbemerkung über die unterschiedlichen bis antipodischen – und daher pervertierbaren Kräfte von Sonnen-Symbolen.[24]

Keine hieroglyphische Entsprechung zu ᛋ entdeckt.

ᛏ 12 TIWAZ / TIR

SELBSTAUFGABE/ASHA (Gesetz von Ordnung und Gerechtigkeit, Ursache und Wirkung entsprechend der ägyptischen MAAT).

Das Himmelsgewölbe und die Stütze desselben; Glaube, Erhebung des Herzens, Großmut, Edelmut, ‹Noblesse›. – Ebenso die LANZE DES GRAALS. – Der gerechte Kampf in getreuem Selbstopfer: (Mani: *«Kämpft, Kinder des Lichts ...»* / Jesus: *« ...nicht den Frieden zu bringen, sondern das Schwert»*).

Hieroglyphische Entsprechungen:

– *tjw-3s – Stütze des Himmels* (*göttlicher Ase – Djaus* = ZEUS-JUPITER = sanskrit: DJAUS-PITR, Lat. Deus Pater).

– *tjw* ist gemäß Gardiner der *Rötelfalke oder Rotbraune Bus-*

sard (long-legged brown buzzard). – Wollte man ihn im Geist der Antike charakterisieren, inspiriert durch sein schwirrendes Stillstehen in großer Höhe, so hieße das etwa: *«Thronender Steig-Bussard, der den Himmel stützt».* – Sein Ruf: *«tyw»* !

ᛒ 13 BRKANO / BIÖRK

Die Heilige Birke – Schoß und Brüste von MUTTER ERDE – d.h. was empfängt, brütet, schützt. – Daher auch: Fruchtbarkeit, Mutterschaft, Weiblichkeit, Friede (!). – Im weitesten Sinne die Fähigkeit, aufzunehmen, anzunehmen, zu empfangen und neu zu gebären: *«Alles annehmen, Alles loslassen und so Alles erneuern»*).

Hieroglyphisch keine Entsprechung entdeckt.

ᛚ 14 LAGVZ / LAVGR

Die Urwasser▽. – Assonanz: *Lauge*, *Lagune*, lat. *lacus – der See*. Wachstum, Leben, weibliche «Tugend» (vertue), ‹weibliche› Lebenskraft (Fließen) i.S.v. YIN. – Folgerichtig auch WEISHEIT (also BINAH, bzw. SOPHIA).
Und überdies noch: der ‹Kreuzweg›.

Keine Entsprechungen zu den Hieroglyphen erkennbar.

ᛉ 15 ÝLHÁZ

(*Ylhaz* – auszusprechen mit flachem E/dunklem I, wie das Y im Polnischen). Anderer Name für ᛉ: **MADR** = Mann.
YLHAZ = *pneumatische* Erhöhung – vgl. die Figur des «am Kreuz erhöhten» Crucifixus in der Römischen Kirche: Mit erhobenem Haupt und Armen bildet der ‹Christus Triumphans› die Rune YLHAZ, – mit dem Kreuz: das *6-armige* ‹Venus-Siegel›: ᛯ
Apotheose des *Nicht-Ich*. Erhöhte *Geistes-Gegenwart – «pure awareness»*; – Die Große Weisheit der Großen Mysterien.
Elan, franz. *envolée*; der Fliegende Schwan, Adler oder Kranich in der Heraldik: *‹alis expansis›, franz. ‹essoré›,* engl. *‹soaring›*.
Zugang zum Kollektiv-Gedächtnis = Akasha.
Männlich geistige Lebenskraft – etwas wie YANG; Kraft der Götter, Wachstum der Elfen. – Geistige und seelische Verbindung des ‹gespaltenen› Menschen mit dem Geistigen: Y + I = ᛉ.

In der Alchemie: Sublimatio.

Hieroglyphisch keine direkte Entsprechung, außer über Lautverschiebung:kz/ks für hz/ ḥs/h̲s:

– *ksī –sich niederbeugen, verneigen,* lat. *prostrare.*

– *ḥsī – loben, preisen, auszeichnen* (= *erhöhen*!).

Mit Determinativen *sich verbeugen* – eventuell auch *opfern*?

/ *gs – salben / ölen → der Gesalbte*: vielleicht *«man muß sich beugen* (oder *neigen*), *um erhöht zu werden»*?

ᛇ 16 ÉIHWAZ

Achse der Welt: Der *Weltenbaum Yggdrasil*, um den herum die ganze Schöpfung sich ordnet. – *Eibe* (der am stärksten magische Baum); die Weisheit der Vermählung von Tod und Leben. –

Im TAROT:

LE PENDU (Arcanum XII). – ODIN hing kopfunter an der *Eibe*, als die Runen ihm offenbart wurden! – (durch wen … ??)

EIHWAZ, die Eibe, ist das Bindeglied zwischen der Runenwelt und der organischen Welt. – Man erkennt eine gewisse Verwandtschaft mit der Rune JARU, und denkt an den Schreckruf *«Iiih!»*

Auf der Grund-Ebene täglichen Lebens: Ausdauer, physische Hochzeit, Coitus. – In EIHWAZ = *ομφαλος* ↔ (ΩΜ + ΦΑΛΛΟΣ) sind das weibliche und das männliche Element in einem Wort vereint!

Hieroglyphische Entsprechungen:

– *ih* – alle gemeinschaftlich emotionalen Tätigkeiten.

– *ih* – *Bubalis-Stier*

– *ih* – *Kuh*

– *w3s* = *Herrschaft*; und so (ägypto-logisch) = *«w3s-Szepter»*.

Möglicherweise sind alle auf -WAZ endenden Runen-Namen ein Hinweis auf besondere magische Kraft («Herrschaft» und «Tugend» i.S.v. lat. *virtus*) – so wie alle auf …-AZ endenden den Hinweis auf ihre spirituelle (transfiguristische) «Tugend» zu enthalten scheinen, was mit der Deutung von *As* = *Az* übereinkommt.

ᛖ (17) ÈHWAZ («*aiyn*» – ع / ء)

Das Pferd mit den Zwei Reitern (Tempel-Ritter!). – Auf der Grundebene täglichen Daseins: Gemeinsamkeit, Loyalität, Vertrauen, Symbiose, Konstruktivität. –

Dann aber auch Bewegung als *Synthese*, ‹*Spiel*› der Gegensätze; Fruchtbarkeit / Wohlstand / Wohlbefinden durch den *Frieden* zwischen den Gegensätzen: These (CHOKMAH) und Antithese (BINAH) zur Synthese geführt: in DATH = SOHN / LOGOS.

Transfiguristisch interpretiert: *«Pferd und Reiter». – Becken-, Herz- und Haupt-Zentrum sind im Herzen zur Synthese geführt.*

Astrologische Entsprechung: Die Zwillinge – ♊.

Hieroglyphische Entsprechungen:

–^{c}*h; Variante: «ih(w)» – Seil*

resp. öfter – ^{c}*h – umschließen, einschließen (Stadt mit Graben); umzingeln, einfangen.*

, *var.* – ^{c}*h – Palast / Tempel* (mit Umfassungsmauern wie mit einer Halskette).

– ^{c}*ht – Ackerland* (umgibt die Stadt). – Und noch:

– ^{c}*h – wegwischen.*

X 18 GEBO

Großzügigkeit, Ausschüttung, Austausch, (gegenseitige) Geschenke, innere (Ver-)Bindung; Gastfreundschaft, – Daher auch *Gabe*, *Begabung*, *Talent,* bestimmt zur *Vermehrung* (Mt 25 !).

X ist das Lichtkreuz des CHRISTOS: Das griechische χ/**X** bedeutet immer auch *Licht, Geist* (einfachste Glyphe für Strahlung).

Auch der *Flux Spermaticus Universalis* – der universale Energie-Fluß aus dem universalen Energie-Nullpunkt ● (vgl. *Wassermann-Genesis*, a.a.O.): **X** = *Geist*, *Quinta Essentia;* energetische *Fülle.*

In der Alchemie: Das ‹DONUM DEI› *und seine Vervielfachung. –*

Allgemein ausgedrückt: **X** (die Unbekannte in der Mathematik) ist Zeichen der großen Geheimnisse und Mysterien und ihrer Spiegelungen in der stofflichen Welt. – So z.B. die Kreuzung von Blutlinien («Rois Croisés», «Rose-Croix», gekreuzte × Chromosomen) – bis hinab zu den gekreuzten Händen, Armen und Waffen; somit auch hier: Bindungen, Verbindungen,.

Astrologische Entsprechung: ♂ ☌ ♀ (‹*Konjunktion*›)

Hieroglyphische Entsprechungen:

– *gb – Überfluß;* – das Gegenteil: X = *nicht-gb* = *Mangel.*

 – *gb* – Gott GEB. (gepaart mit NUT, der Himmels-Göttin, gehört zur großen Götter-Enneade Ägyptens. Er ist der Gott der Erde 🜃, der Pflanzen und Mineralien, gibt Früchte und Wasser und steht für eines der Vier Elemente der Urschöpfung. Er bedeutet Wohlstand, ist der Gott des Gedächtnisses und lenkt die Hand der Schreiber. Er trägt eine Gans  als ‹Krone› und wird u.a. auch als Gans, Widder oder Stier (männliche Potenz!) dargestellt.

G^e^B, zusammengesetzt aus zwei Hieroglyphen, G und B,  und , gibt es als:

 – gb3 – *«gbā» – Arm* (meint wohl dessen Kraft) und

 – *gbb – Stier*

Eine eigentliche Hieroglyphe X wird nicht gefunden.

ᛗ (19) MANNAZ (△ + ▽ = ✡)

Vereinigung der Gegensätze – Heirat von Himmel und Erde; wahre Menschwerdung. – Selbsterkenntnis durch Unterscheidungsvermögen. – Neues Denkvermögen. – WISSEN = BINAH i.S.v. MANAS.

Auf der unteren Oktave täglichen Erdenlebens: Familie, Menschheit, Harmonie der Gesellschaftsordnung.

Hieroglyphische Entsprechungen:

 – *m^e^n – fest stehen, bleibend, dauernd, Institution,* (m^e^nw = Festung).

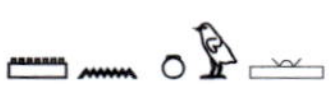 – *m^e^nw – Denkmal.*

 – *m^e^nī – (an-)binden, heiraten, umfangen* (auch *«vor dem Ertrinken retten»); von den Toten erwecken,* und weitere Bedeutungen, wo es um Stabilität und Intimität (Nähe) – bzw. um ***men****tales Festhalten* (‹m^e^nīt›) geht.

ᛞ / ✶ (20) DAGAZ (in Assonanz zu *Tag*)

Ein weiteres Beispiel für die Verschmelzung der Gegensätze und das Erreichen dynamischer Einheit. Man darf in dieser Glyphe wohl die Nähe der Erfinder der Runen zum Goldenen Zeitalter sehen, wo die Menschen noch auf einander zu gingen: → ← nach der All-Einheit **I** hin orientiert, nicht nach der ‹Trennung vom Paradies›; nach göttlicher Harmonie und konstruktiver Dynamik, nicht nach menschlicher Spaltung und destruktiver Egozentrik … – Eigentliche Bedeutung: Göttliches Licht, Erleuchtung – also

‹Morgenstern› und ‹Abendstern›. Das führt wieder zurück zur *Aurora consurgens*/*Ευος* /Venus/Lucifer/Bacchus-Jehovah (siehe frühere Kapitel). – Und (darum?) auch: Zone der Dämmerung (‹Zwielicht›!). – Überdies: Rituelles Feuer – Demut – Sonnenkraft[e]/[e]Feuer der Sonne, und daraus wiederum *Fixation des Steins der Weisen.* – Erkenntnis des *Trigonum Igneum*, und somit auch Zugang zum *Kosmischen Bewußtsein.*

Astrologische Entsprechung:
Neue Venus ♀; – gewissermaßen ein weiblicher Uranus ♅.

Hieroglyphische Entsprechungen:

 – *dg – schauen, sehen, wahrnehmen.*
 – *dg3jt – starren*
 – *dgjt* mit Determinativ ‹Mann›: *der Sehende.*

ᛈ (21) PERTHRO

Empfangen und Loslassen: Gleichzeitigkeit aller Existenzen und Ereignisse (Durchlässigkeit): «das EWIGE JETZT» – d.h. Vergangenheit + Gegenwart + Zukunft *in einer Schau vereint.* – Vgl. die drei Parzen / Nornen .

Dann noch:Der Gute Augenblick (griech. *χαιρος, chairos*): *«Wer die Illusion* ZEIT *gut nutzt, wird den Göttern gleich».* –

Beherrschung des Gesetzes von Ursache und Wirkung verhilft zur fundamentalen Veränderung (vgl. R. Steiner über KARMA!) [25]

Niedrigste Oktave im gewöhnlichen Leben: Schicksals-Zufall, der Würfelbecher.

Hieroglyphische Entsprechung:

Beides:graphisch *und* phonetisch: ⊏⊐ – *p^e^r* = *Haus*; dessen *Ein- und Ausgang*; – daher auch für *Tempel, Haushalt, Palast.*

Auch die Rune ᛈ ist ein Pictogramm für ein Haus mit geöffneten Türen und für geöffnete Arme – letztere hieroglyphisch in ⊔ – *k3* – dem KA der Geist-Seele und ihrer *Durchlässigkeit*:

«Alles annehmen, alles loslassen, und dadurch alles erneuern».

– Vergleiche:

 – *hk3* – *Magie* (magische Durchlässigkeit) mit dem entsprechenden Schlangen-Szepter: ⚲ – *hqa* = Herrschaft (vgl. S. 24).

✻

ᛜ (22) INGWAZ

Element Erde – 🜃, weibliche Matrix (bringt die ‹Gebärmutter› als Matrix die Ätherform für den künftigen Menschen hervor?).

Meditative Öffnung, Rezeptivität, Reifung, Gestation, Gärung aber nicht Fäulung!

Kelt. *Ing = griech. gyn:* γ *= Tochter / Weib.*

Bewußtwerdung: *«In der Welt, nicht von der Welt». – Aus dem Bewußtsein in die Tiefe der Intuition und Rezeptivität, und* NEU *ins Bewußtsein.* – Siehe Kapitel 4 hievor.

Hieroglyphische Entsprechung:

 – *gw3t* (*guāt*) – *Brust[korb]* (engl. *chest*).

Weitere Bedeutungen derselben Hieroglyphe: Offenbarungen, sich manifestierende, göttliche Einheit – der ‹Kreis der Natur› … In der Mysterienprozession der *Cerealien* wurde außer riesigen Amphoren mit Wein ein *Korb* (*kista*, *chest*) mit Schaubroten und zahmen Schlangen als sichtbares Mysterium mitgeführt.

ᛟ (23) OTHALA (O, Ω)

Ahnenerbe, Überlieferung, Wurzeln einer Familie oder eines Volkes, Besitz, Familie, heimischer Herd, kollektives Wohlbefinden, Konsolidierung, Gesetz-in-Freiheit; ‹Blut und Boden›; Erde, Acker, «Land», immobiles Gut (siehe Abb. 35).

OT = OD = Universelle Ursubstanz, Ur-Mutter («u» für «o», das es im Ägyptischen gemäß Ägypto-Logie «nicht gibt»).

HALA = *Halle* (vergl. WAL-HAL(LA); Aber der Stamm *Hal* steht auch für *Licht* (arab.), und *Lebensatem* (franz. *haleine*), beides zusammengefaßt im Stamm *hal-* wie griech. *ʿαλς, ʿαλος – hals, halós = Salz* (siehe Neues Testament: Mt. 5:13 ff. und Parallelstellen; Thomas-Evangelium).*Alle diese* haben mit FEUER zu tun!

Hieroglyphische Entsprechungen:

Lautverschiebungen zu Othala ergeben die folgende Phonetik (immer «**u**» anstatt «**o**» gesetzt, und geschrieben als «**w**»:

– *wṯ* (eine alt-ägyptische Form) – *Zunge, Mund*

 – *wt – Bandage, Binde, binden.*

 – *wt – Mumien-Bandage*

 – *wt – mumifizieren* als Tätigkeit

– *wtj* – ‹alte› mittelägyptische Form – groß sein, wachsen

– *wtw* – ‹alte› mittelägyptische Form – ältester Sohn, *Fuchs*welpe (auch Kronprinz??)

– *wt / wtj* – als aktives Partizip: *Einbalsamierer, Bandagierer.*

– *wt* – *Einbalsamierungs-Ort*

Anderes Schriftbild (hieroglyphisch) derselben Phonetik:

– *wṯ / wṯ3 («uṯā»)* – *Innensarg*; ursprüngliche Bedeutung unbekannt; – eventuell im Zusammenhang mit *Triumph* (über den Tod) *Erhöhung* oder *Verherrlichung* des Namens des Verstorbenen selbst oder von OSIRIS (RA / RE). Denn *wṯz / wṯs* steht auch für hochheben, erheben, preisen, frohlocken, *hochleben* lassen. – *r3* – *«rā»* heißt Mund, Name, *Spruch, Ausspruch.* Weil R und L, H und S ‹austauschbar› sind, wird so aus OTHALA → *wts r3* – *«uts-rā»* – *Spruch zur Verherrlichung von RE*, wobei dieser *‹Spruch* als *Teil des Innensargs›* ursprünglich auch durch eine *sprechende Symbolik* oder *lesbare Gestik* bezeichnet worden sein könnte.

Als *sprechende Geste* kann OTHALA auch als die *(Ur-)Mutter* gesehen werden – reduziert auf das weibliche Geschlecht mit zwei gespreizten Beinen darunter – so wie man dies hoch an der Nordwest-Ecke der früh-gotischen Kirche von Garde Adhémar (Drôme Provençale) als eingelassene archaische Skulptur noch bis vor Kurzem sehen konnte (inzwischen leider abgeschlagen).

Im Übrigen siehe das z.T. redundante *Kapitel 4* hiebevor.

ᛦ **(–) YR (**Assonanz zu lat. *Ira* = *Zorn*; siehe Abb. 35)

Umkehrung von YLHAZ (geistiger *Erhebung*) – und daher Yr = *Zorn, Streit*; *Krieg, Unheil* und *Fall.* (Fackel von KAVN gesenkt!)

Hieroglyphische Entsprechungen:

– *jr, jrj* – als Partikel bekannt im Sinne von *tun, machen, leiten, ausmachen, sich hinbewegen zu* (engl. *«making for ... »*)

jrj mit Zusatz (Objekt) – *Hüter, Verwalter* (*jrjw-pt («irīū-p*^{e}*t»)* – *Hüter des Himmels*;

jrjw anch: Herr des Lebens.

jrj ^{c}*h3*^{c}*t* – *ein Macher–*

jrj-n- wp – *Krieger; Gegner* (*wp* assonant zu *Wappen, Waffen*).

jrj-p^{c}t – Regent = Der den Namen des Landes ‹macht›.

Vgl. in der *Heiligen Geographie*: Der Führer, der den Namen der neuen Siedlung ausspricht, wird ihr Herrscher, und umgekehrt).

λ (–) AR

(Man erinnere sich an den phonetischen Gleichwert von ‹**r**› und ‹**l**› – ebenso *griech.* λ, engl. **r**; chinesisch ‹**r**› → ‹**l**›)

Hieroglyphische Entsprechungen:

– *3r / 3jr* – (*«āīr»*) – *verdrängen von Habe, Position, Land, Grenze; unterdrücken, bedrängen* (d.h. einschränken, begrenzen).

Dementsprechend

– *3rwt* (*«ārūt»*) (mit Determinativ *rud – Kraft*)*: Not, Aufruhr* – ‹wörtlich›: *mit Not / mit Aufruhr kommen.*

(–) OS (ÅS)

wie ASEN / ÅSEN, das sind die altgermanischen Götter.

Hieroglyphische Entsprechungen:

– *3s,* auch *ws* und *js* – *« ... thronans»* (⇒ *Ase / Åse*?)

– *3s* – *«ās»*, auffliegende Gans als Determinativ für *Vogel*): *kahlköpfiger Geier* – und dieser *frißt Aas*!

– *3s* – *«ās»*, *«j3s»* = *kahlköpfig* (¿ also ursprüngliche Bedeutung der Tonsur: *«göttlich»*?) – Vgl. die oben kahlen Spitzköpfe der Atlanter und Alten Ägypter, bzw. gemäß Ägypto-Logie die *«Duft-Kegel»* (!) auf dem Kopf mancher Figuren.

– *3s* (*«ās»*, Beine als Determinativ)*: eilen, eilends, sofort.*

– *3s* (*«ās»*)*: Brot / Kuchen* (ursprünglich für Opfer?)

Für Personen an Pharao's Hof sind typisch die *kahlgeschorenen (natur-kahlen?) Köpfe*; bei den Inkas war der kahlköpfige *Geier* (siehe oben) ein heiliger Vogel (NEITH im Alten Aegypten).

‡(–) KS / S

Alternativ: * (eine Spiegel-Vermehrung von KAVN/KENAZ; gleich wie für die graphisch identische HAGAL-Alternative).

Im Griechischen zu ξ / Ξ (Aussprache *«x»* = *«ks»*) geworden !
Hieroglyphische Entsprechungen:
Man vergleiche auch Rune 15 – YLHAZ.

 – *ks* (und *kʒ* mit stimmhaftem *s*) – *Stärke, stark sein, herab hängen* (von Armen; Grund unklar).

 – *ks (kʒ) – Schiff*

 – *ks (kʒ) – freier Lauf*

Ein 6-strahliger Stern findet sich in den Hieroglyphen-Tabellen nicht, nur der 5-zackige ✶ (phonet. *s3* = Tag; *sb3* = *Stern.*
S^a^b ist ein semitscher Wortstamm für *Licht*, Tag und deren Ableitungen.
Doch muß eine verborgene Verbindung bestehen von 6-5-4, d.h. ✻ phonetisch x (*ks*), ✶, phonet. *s^a^b* – und dem X (χ – *griech. Chi, Glyphe fürs Licht*): In der Sprach-Cabale wird ohne Weiteres S ↔ X ↔ K ↔ C ↔ ch ↔ χ ↔ C ↔ G (aspiriert oder weich, und in beliebiger direkter oder indirekter Ableitung, d.h. ‹Richtung›).
Das × der Hieroglyphen, allein als Determinativ, bedeutet: *Zerbrochenes, Zerstörtes, ungültig gewordenes* – oder einfach *«nicht».*

ZUM ABSCHLUSS NOCHMALS DIE BEMERKUNG:

Die z.T. gewagt anmutenden phonetischen Permutationen folgen uralten Regeln der gesprochenen Sprache. Man überprüfe nur in der eigenen lokalen Mundart typische Ausdrücke, deren Ursprung man nie hinterfragt hat: Man wird zweifellos Fälle finden, wo genau solche ‹cabalistische› Lautverschiebungen im Hintergrund stehen. Der Reichtum an Erkenntnissen, der durch das so erneuerte Sprachempfinden zugänglich wird, ist wie einer unserer Freunde sagt:

«UNE MER À BOIRE»

Tempelanlage von Luxor: Das symbolisch-transfiguristische Säulenpaar.
Die Kartusche gehört NICHT zu Ramses ! – Quelle: Axel Klitschke unter:
https://www.youtube.com/watch?v=aokRvU52geU).
(Klitschke wird von großen Suchmaschinen offenbar weg-zensiert)

DIE ABBILDUNGEN

Die vorliegende Buchversion ist naturgemäß gegenüber dem bereits publizierten Artikel über die Raute (siehe Hinweis in der «Apologie» am Beginn des Buchs) um Einiges erweitert – nicht nur in ihrem Textteil, sondern auch Im Abbildungs-Teil. Aus diesem Grund sind nicht alle bisherigen Abbildungen gleich numeriert wie zuvor, die neu hinzugekommenen aber sind teilweise mit höheren Nummern eingereiht, als man erwarten würde. Andere haben keine explizite Entsprechung im Text, sprechen aber für sich selbst. – Man halte sich also nur an die Numerierung.

Abb. 1: Magisches Venus-Amulett.
(Bildquelle: Laarß, a.a.O.)

Abb. 2:
Mit Venus zusammenhängende magische Symbole.
Bildquelle: C. Agrippa von Nettesheim in *Occulta Philosophia* (Straßburg, 1531).
(Nachdruck auf Deutsch: Berlin 1916)

Abb. 3:
Mit Venus zusammenhängende magische Schlüssel. – Bildquelle: Agrippa von Nettesheim, *Occulta Philosophia*, a.a.O.

Abb. 3A
In der Mandorla (der sogenannten ‹Fischblase›) hat genau die Raute Platz, zusammengesetzt aus zwei gleichseitigen Dreiecken: dem Wasser-Dreieck und dem Feuer-Dreieck, die eben im Urzustand noch ganz vereint sind, wie alle Gegensatzpaare (‹Duale›) – siehe Kapitel 9.

Abb. 3B
Das Salomons-Siegel der Weisheit ist eines der typischen Symbole am Beginn der Arischen Periode, also vor ca. 10‘000 bis 15’000 Jahren – ebenso wie die Swastika. Hier tritt die Raute sogar gleich dreimal auf, nebst im Ganzen ZWÖLF gleichseitigen Dreiecken.
Auch das Symbol der aufgehenden Sonne ist so alt; – auch es wurde oft m sakraler Bedeutung verwendet.

Abb. 3C
Das ‹echte› Hexagramm ist nicht zentralsymmetrisch wie das Salomons-Siegel, sondern nur spiegel-symmetrisch. Es zeigt nur eine Raute und vier ‹verschwiegene) gleichseitige, sowie vier rechtwinklige Dreiecke. – Als Symbol im Okkultismus selten benützt – aber z.B. bei A. Crowley.

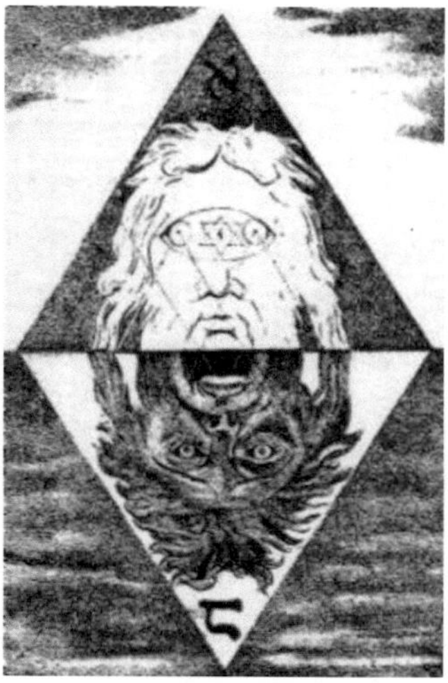

Abb. 4:
Das magische Haupt des Zohar. bei Eliphas Levi Man beachte die 3 Sonnen-Augen in der liegenden Mandorla sowie Lamm und Phœnix auf dem Scheitel. – Bildquelle: Spence, Encyclopedia of the Occul*t.* *(*London, 1988)

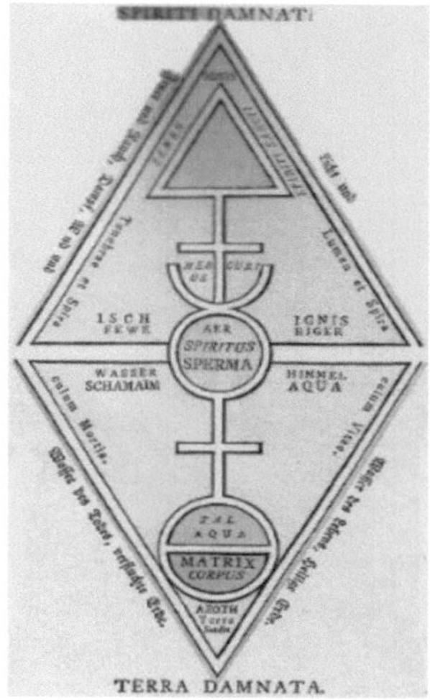

Abb. 5
Die prinzipielle und die elementare Schöpfung. – Bildquelle: *Geheime Figuren der Rosenkreuzer.* – Altona, 1785; Nachdruck 1919.

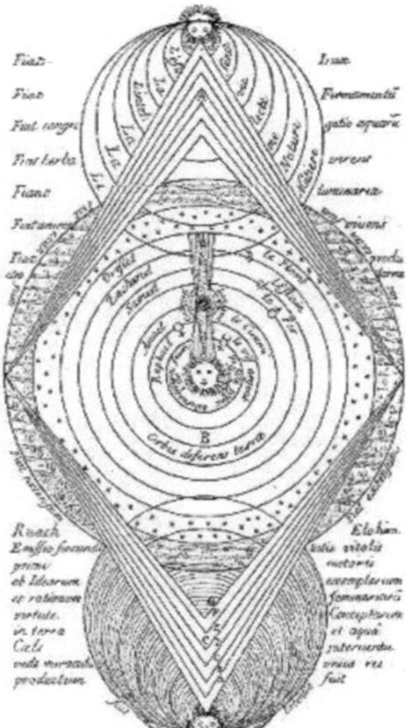

Abb. 6:
Kabbalistische Darstellung des Kosmos mit den oberen, mittleren und unteren Sphären. Bildquelle: Spence, a.a.O.

Abb. 7:
Gartentor mit geweckter Raute sowie zweimal der Bahn der Venus um die Sonne, aus Erd-Sicht.

Abb. 8:
Berber-Vorhang mit Varianten von Rauten-Gittern und der Zahl 9

Abb. 9
C. Agrippa v. Nettesheim: der Mensch und seine Proportionen im geweckten Quadrat: Der Nabel ist stets das Zentrum. (in: *Occulta Philosophia* , a.a.O.)

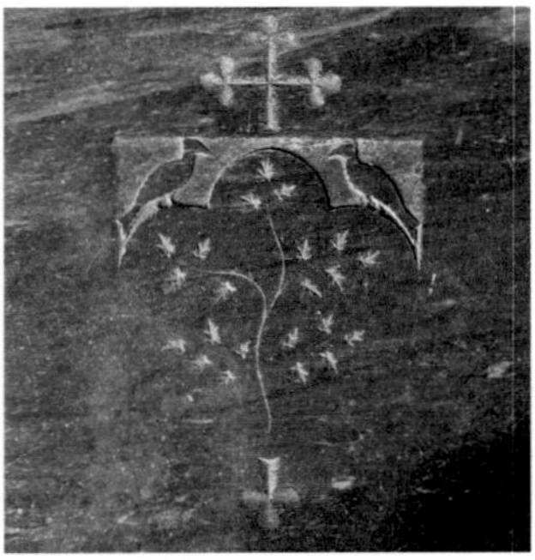

Abb. 10
Bodenplatte aus schwarzem Schiefer-Basalt mit dem Dreiblatt der keltischen Muttergöttin DANA in Flach-Relief. – Zugleich kann man hier das Occitanische-Kreuz erkennen (als ausgeprägteste Form im 14. Jh. wurde dieses z einem Lilienkreuz).
(Kreuzgang der Kathedrale von Tarragona, 11. Jh.; Ausschnitt).

Abb. 11
Universitäts-Siegel der
Katholischen Universität Eichstädt-Ingolstadt:
Isis-Ashera im kopfstehenden Pentagramm (!)
mit der *Sonne* über (bzw. in) der Gebärmutter.

Abb. 12
Siegel der Universität von Rostock, typische Mandorla-Form

Abb. 13
Apostel Johannes (?) als Christus Pantocrator in der Mandorla: DOSITHEOS ??

Abb. 14
Maria mit Kind in der Mandorla (romanisch).

Abb. 15
Arles: Kathedrale St-Trophime Tympanon des Hauptportals Christos Pantokrator mit den 4 archontischen Tieren.

Abb. 16
Siegel der Cambridge University. – Was bedeutet wohl der Latein-‹Fehler› in der Devise?

Abb. 17
Fastnachts-Sonnwend-Gebäck: Raute (Wecken!) mit Swastika = Sonnenrad.

Abb. 18
Torte im Rautenmuster garniert (geweckt!).

Abb. 19
Der legendäre König Salomo war vorallem bei den Arabischen Okkultisten der Renaissance beliebt und hoch verehrt: als Beherrscher aller guten und bösen Geister, Djinnen, Ifrits u.s.w.

Ein kleines sehr geheimes und von der Kirche verfehmtes Büchlein, betitelt : «Die (magischen) Schlüssel Salomons – *Clavicula Salomonis»*, das in mehreren Versionen kursierte, unterstreicht dies noch. – Talismane mit dem Salomonischen Weisheitssiegel waren häufig. Daher erscheint das Salomons-Siegel auch in einem Tarot-Spiel (siehe nächste Abb.) und hinten auf der goldenen Bischofs-Krone des Papsts. Auch in Märchen von 1001 Nacht tritt Salomo auf: als größter Magier nach Gott selbst.

Abb. 20
Hier wird das Salomons-Siegel als Glücksrad mit Fatum und Nemesis in Verbindung gebracht. – Der Pfahl unten deutet sowohl auf den bekannten Archon mit dem Löwenkopf hin als auch auf den ägyptischen Djed-Pfeiler (ein göttlicher Glücks-Garant).

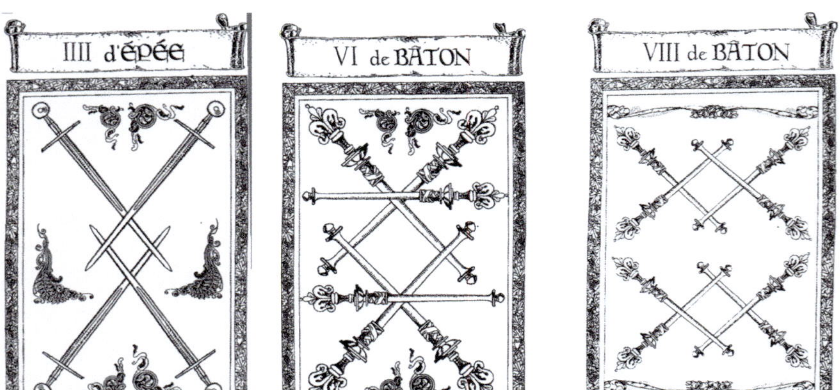

In den kleinen Arkanen des Tarot erscheint die Raute stets bei ‹Stäben› und ‹Schwertern›

Strength / Stärke

Oppression / Unterdrückung

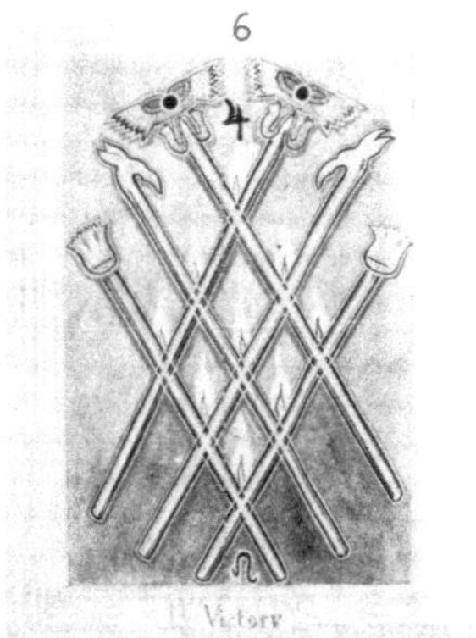

Vctory / Überwindung

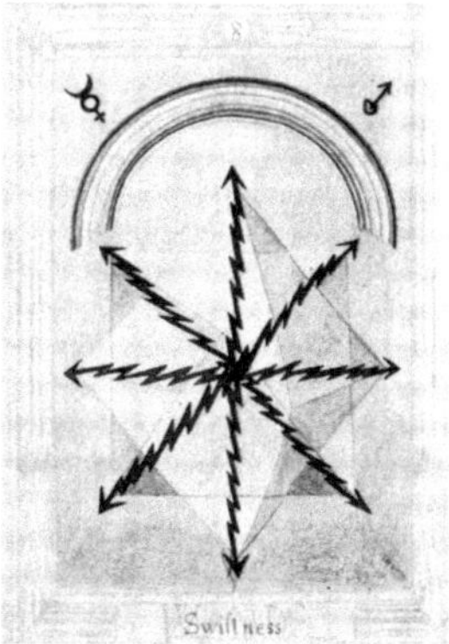

Swiftness / Behendigkeit

Abb. 24-27 : Aleister Crowley lehnte seine Tarot-Figuren ans Alte Ägypten an.

Manchmal wurden Spielkarten auch zu politischen Zwecken benutzt – hier z.B. im Zusammenhang mit globaler Sklaverei, Skull & Bones und Eröffnung des Suez-Kanals.

Abb. 29
Typische Schildformen europäischer Länder: 1) Alt-Französisch; 2) Neu Französisch (ungenau); 3) Ovale Form (nicht Länderspezifisch); 4 und 5: Zwei Damenschilde (deren dritte Form kreisrund: sogenannte KISSEN-SCHILDE (bestickt oder mit Appliken aus diversen Materialien); – 6) Italienisch; 7) Schweiz; 8) Englisch; 9) ‹Deutsch›; 10) Polnisch; 11) Spanisch; Portugiesisch und Flämisch: deren historische Begründung ist interessant!

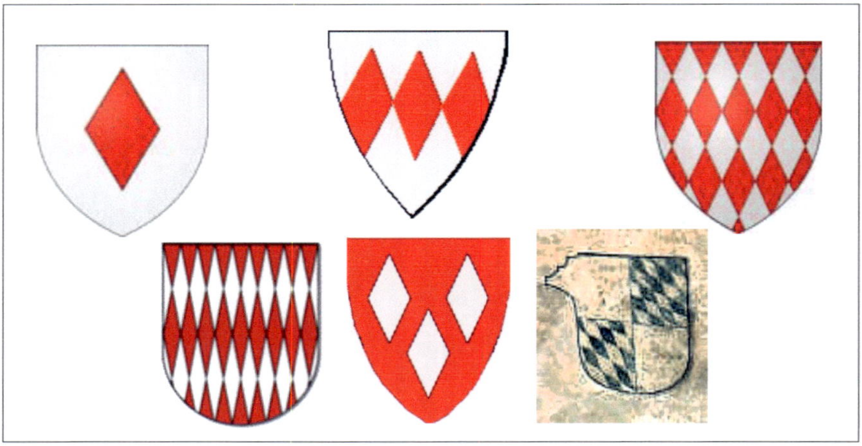

Abb. 30
Beispiele von heraldischen Rauten: Von Silber, eine rote Raute im Herzen. –Von Silber, mit drei roten Rauten ‹en Fasce›. – Gerautet von Silber und Rot; – Gespindelt von Rot und Silber. – Von Rot, drei silberne Rauten. – Geviertteilt: 1 &4 von Silber, ledig; 2 &3 geschnitten gespindelt von Silber und Azur.

Abb. 31
Bunt glasierte Ziegel am Basler Münster

Abb. 32
H-förmige Fassade: Der Dom von Trondheim

Abb. 33-34
Seit der Commedia del Arte der italienischen Renaissance trägt der Harlekin sein zwei- oder mehrfarbig gerautetes Kostüm, und den Hut mit der breiten hochgestellten Krempe.

Abb. 35 : Nazi-Signet von ‹DEUTSCHES AHNENERBE›:
Man erkennt die Rune OTHALA (Ahnenerbe, Überlieferung, Wurzeln einer Familie oder Volks, Besitz, heimischer Herd, gemeinsames Wohlbefinden, BLUT UND BODEN, Acker, Gesetz in Freiheit ᛟ). – Zugleich, und mit derselben Strichführung (man lasse die Mandorla weg) steht hier die Rune YR : ᛦ mit der Aussage: *Zorn, Streit*; *Krieg, Unheil* und *Fall.* – Das ist Umkehrung von YLHAZ ᛉ – d.h. geistige – *Erhebung* – und daher auch das Gegenteil von KAVN: ᚴ bzw. ᚲ «Zeuge des freien und befreienden Denkens; Feuer der Zeugenschaft fürs LICHT – bzw. in PERVERSION der positiven Bedeutungen: Flamme, Fackel, Opferfeuer, Herr über das Feuer, Leidenschaft, Hingabe Enthusiasmus; → *«die Fackel hochhalten»* pervertiert im Sinne des Horst-Wessel-Lieds!
Die Bedeutung der besonderen Form von Schwertknauf und Parade ist unklar.

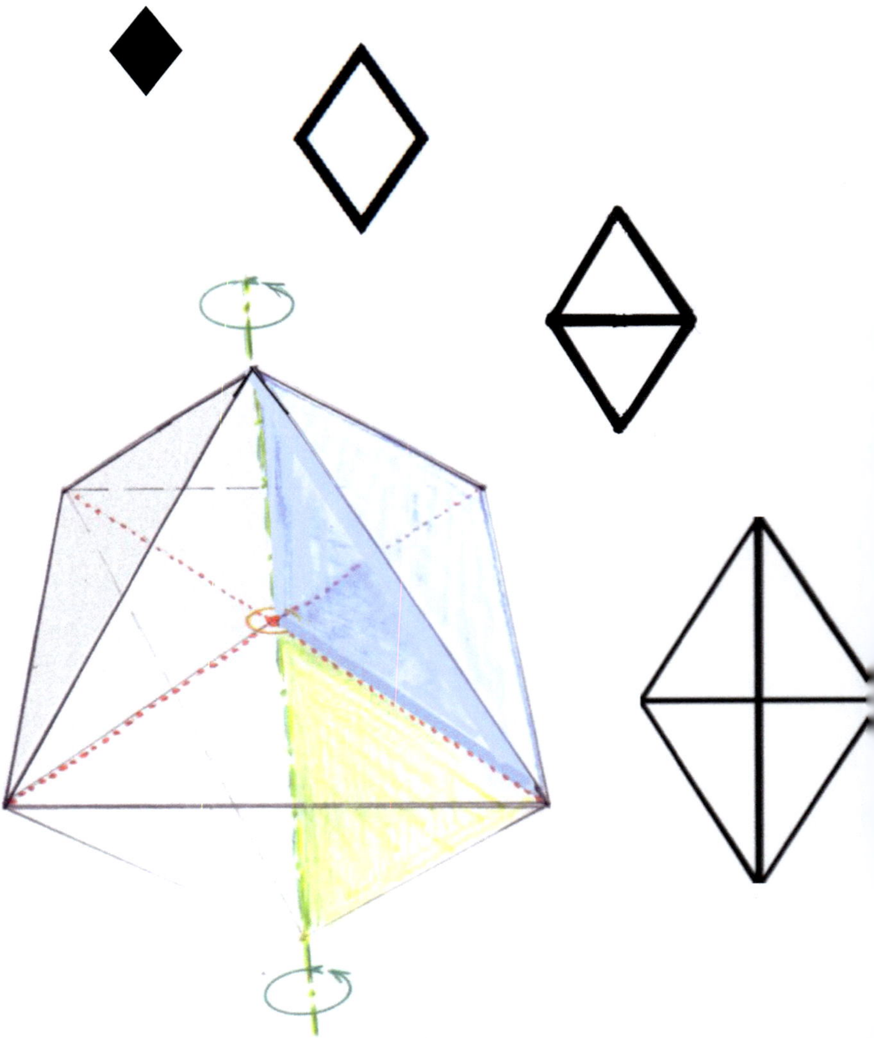

Abb. 36
Vom Ur-Chaos über den unbegrenzten Raum und die erste Trennung zur Doppel-Pyramide, dem in acht Tetraeder unterteilten Oktaeder, der als diamantener Lichtkristall um seine senkrechte Achse rotieren kann. Seine zentrale Hauptebene ist das *Quadrat mit dem Lichtkreuz*; Dreh- und Angelpunkt des Ganzen ist der *Christos*.

ANMERKUNGEN

1 P. Martin, *Esoterische Symbolik heute, in Alltag, Sprache und Einweihung* (ISBN 9873-9523616-1-0); 118 Seiten, viele z.T. ganzseitige Illustrationen. – Französische Ausgabe: *Le Symbolisme Ésotérique actuel, au quotidien, dans le langage et pour l'auto-initiation.* – ISBN 9783-9523616-34. – Existiert auch als e-Book; wir empfehlen aber dringend die gedruckte Version!

2 Dies gilt besonders für: *Compendium Creationis: Die universelle Symbolik der Wassermann-Genesis, erklärt durch P. Martin …* – Basel, Edition Oriflamme, 2016. – ISBN 9783-9520787-09. Englische Ausgabe: *Compendium Creationis – The universal Symbolism of Aquarius Genesis, explained by P. Martin. – With four additional texts ...* – Basel, 2018. – ISBN 9783-907103-029

3 Die hier angesprochenen tiefen Zusammenhänge können an dieser Stelle nicht ausführlich erklärt werden: Das ist jedoch in der *Wassermann-Genesis* (a.a.O.) in aller Tiefe geschehen. Der letzte Teil des Gegenwärtigen (Kapitel 9 und 10) geht nur zusammenfassend darauf ein.

4 Wassermann-Genesis, a.a.O. – Siehe auch das ausführliche Zitat in Kapitel 9 des Gegenwärtigen.

5 Da das wertvolle kleine Buch von Reinhard nicht ohne Weiteres zugänglich ist, und weil zumindest auf die Grundkenntnisse in der Heraldik nicht verzichtet werden kann, seien noch in der hier gegebenen Reihenfolge empfohlen (französische Heraldik-Bücher sind die besten):

– *Dictionnaire Archéologique et Explicatif de la Science du Blason. – Origine des Éléments et des Symboles Héraldiques d'Après les Monuments, les Sceaux, les Monnaies, les Médailles, les Traditions etc., par le Comte Alphonse O'Kelley de Galway, Commandeur et Chevalier de plusieurs Ordres; Archiviste Généalogique* … etc. (Teile I und II). – Bergerac, 1891.

– Der Prachtband : *Nouveau Traité Historique et archéologique de la vraie et parfaite science des Armoiries, par Mis de Magny, Chambellain intime* (Geheimer Kämmerer) *du feu Pape Grégoire XVI* … etc.; *Secrétaire Général du Collège Héraldique.* – Paris, o. J., leider nur Band I gedruckt; dieser aber mit einer ausgezeichneten Grund-Systematik und wunderschönen Bild-Tafeln. – Dies im Gegensatz zu:

– Paul Ganz, *Geschichte der Heraldischen Kunst in der Schweiz im XII und XIII Jahrhundert.* – Frauenfeld, 1891 (keine Schild-Systematik, dafür sehr Vieles über Helme, Helmzierden und Schabracken.

– Auf dem Internet die *Heraldik-Kunde auf Englisch* von Pimbley : http://www.digiserve.com/heraldry/pimbley.htm.

– Und ebenfalls auf dem Internet: *Project Gutenberg's The Handbook to English Heraldry by Charles Boutell*: http://www.gutenberg.org, Files23186/ 23186-h/ 23186-h.htm.

Es gibt zwar heute zahlreiche moderne kleine «Wappenkunde»-Bücher und Büchlein; aber um sich hier wirklich einzufühlen, können doch nur die spätestens Anfangs des 20. Jahrhunderts erschienenen Werke wirklich empfohlen werden.

6 Siehe Fulcanelli: *Mysterium der Kathedralen und die esoterische Deutung der hermetischen Symbole im Großen Werk.* – Deutsch bei Edition Oriflamme, Basel, 2004; – siehe Wort-Index unter *Dreikönigsfladen.*

7 Zitat aus *Wassermann-Genesis* ... , a.a.O. – Einleitung.

8 *Bajazzo* kommt vom italienischen *pagliaccio.* Die heutige Sprache weiß nichts mehr vom Ursprung dieses Worts, das mit Allem verbunden ist, was mit *Stroh* zu tun hat – also auch mit dem *Strohsack* auf einer *Pritsche.* – Kurioserweise nennt man auch die im Text erwähnte ‹Keule› oder Klatsche eine *Pritsche.*

9 *Dao-De-Ging (Tao-Te-King) – die Gnosis im Alten China.* Text und vollständig neue Übersetzung aus dem Chinesischen durch M.P. Steiner, erklärt durch P. Martin ... – Basel, Edition Oriflamme, 2013. – Siehe dort die N° 67 (Text und Kommentar), pp. 266-270.

10 Die ‹Katholisierung› der sog. christlichen Welt wurde eingeleitet, indem Constantinus II (der ‹Große›) sich zum Bischof von Rom erklärte und als weltlicher Herrscher das römische Glaubensbekenntnis redigierte. Man vergleiche unseren Text: *Vom unglaublichen Ursprung des Islam, oder wie der Dreibund der Weltreligionen westlich des Indus entstand.*

11 Siehe Otto Laars, *Das Geheimnis der Amulette und Talismane.* – o.O., o. D., vermutlich um 1910 herum. – Dort S. 6.

12 Vgl. P. Martin, *Esoterische Symbolik heute ...* – a.a.O.

13 Siehe Xavier Fourvières: *Lou Pichot Tresor – Dictionnaire Provençal-Français et Français-Provençal.* – ISBN: 9782866730642.

14 Vgl. Emanuel Swedenborg: *Die Erdkörper in unserem Sonnensystem, welche Planeten genannt werden, und einige Erdkörper am Fixsternhimmel, sowie deren Bewohner, Geister und Engel. Nach Gehörtem und Gesehenem.* Aus dem Lateinischen Urtext (London, 1758) ins Deutsche übersetzt. Stuttgart, Verlag der Neukirchlichen Buchhandlung, 1875.

14-A Zitat aus *Wassermann-Genesis*, a.a.O., Scholie zu These 4.

15 Man soll diese Erklärung ja nicht als Spekulation abqualifizieren: Wirklich zeigt sie – meditativ vollständig erfaßt – den wahren Verlauf der ‹Fleischwerdung des Geistes›, nun aber nicht in schlagwort-artigen mystischen Ausdrücken, sondern in einer Sprache, worin mystische Sicht sich mit exakter Wissenschaft paart und dadurch erst wirklich mental durchdrungen, d.h. *verstanden* werden kann.

16 Die Rune Ylhaz (ᛉ) hat u.a. die Bedeutung von *Transfiguration*, *Erhöhung*, *Apotheose.*

17 Zitat aus *Wassermann-Genesis*, a.a.O. – ibidem.

18 Mehr in die Tiefe geht das Buch *Wassermann-Genesis*, a.a.O., das den interessierten Lesern lebhaft empfohlen wird. Auch die Bezüge der Raute zur ganzen Genesis und deren vier Ebenen – der überkosmi-

schen, der makrokosmischen, der kosmischen und der mikrokosmischen – erscheinen hier nur als Anspielungen, werden dort aber gründlich und mehrdimensional erklärt.

19 Ralph Tegtmeier: *Comprendre les Runes*. – Paris, Le Courrier du Livre, 1997; Deutsch bei Goldmann, München, 1991. – Und H.R. Hitz: *Als man noch Protokeltisch sprach*. – Zürich, Verl. Juris, 1982. – Und auch noch K. Faulmann, *Illustrierte Geschichte der Schrift* ; – Wien, 1880; Reprint bei Greno-Verlag, Nördlingen, 1989.

20 Diese höchst kunstvollen uralten kleinen Bauten sind staunenswert: Außen (in der reinen Form) genau würfelförmig (der Kubus ist das Symbol für Mater-ie und materielle Welt), enthalten sie einen absolut regelmäßig kreisrunden und gewölbten, nach Nord-ost orientierten Raum, über dessen Bedeutung es gar keinen Zweifel geben kann, vorallem wenn man sich darin befindet. Die lokale Bevölkerung gefällt sich in der lapidaren Behauptung, diese Monumente und statischen Wunder von 2 bis 4 m Seitenlänge und Höhe seien von den Schafhirten als Unterstände erbaut worden. In Wirklichkeit sind sie mindestens 10'000 bis 15'000 Jahre alt und könnten von den ‹Flüchtlingen› aus Atlantis erbaut worden sein. Die höchste Schätzung ergibt sogar ca. 21'000 Jahre als Alter.

21 Jean-Paul Bourre: *Les Celtes dans la Bible*, (Paris, Laffont, 1990); – und: Khaitzine – *La Langue des Oiseaux* (Paris1996).

22 Diese Verhältnisse von Kosmos, Mikrokosmos, Makrokosmos und überkosmischer ‹Ebene› werden umfassend beschrieben in *Wassermann-Genesis* (a.a.O.), woher diese Feststellung entnommen ist.

23 Vgl. zu dieser Symbol-Erklärung das Buch *Compendium Creationis – Die Wassermann-Genesis* ... – a.a.O. – Dort werden gerade diese Ur-Elemente aus mehreren Blickwinkeln erläutert.

24 Vgl. P. Martin, *Esoterische Symbolik heute*. – a.a.O.

25 Vgl. Rudolf Steiner: *Wiederverkörperung und Karma* (1970).

FULCANELLI: MYSTERIUM DER KATHEDRALEN *und die esoterische Deutung der hermetischen Symbole des Großen Werks.* Vollständige deutsche Erstausgabe nach der dritten franz. Ausgabe (Paris 1964) mit drei Vorworten von E. Canseliet, F.C.H. Übersetzt und herausgegeben von M.P. Steiner. Mit 49 ganzseitigen Tafeln und 1 Frontispiz. – 348 SS.ISBN 3-9520787-2-7. – € 35.00

FULCANELLI: WOHNSTÄTTEN DER ADEPTEN – *Die hermetische Symbolik in der konkreten Wirklichkeit der Heiligen Kunst des Großen Werks.* (Original-Titel: *Les Demeures Philosophales*). Vollständige deutsche Erstausgabe nach der dritten, erweiterten franz. Ausgabe (Paris 1964 / 1979) mit den drei Vorworten von Eugène Canseliet, F.C.H. Ins Deutsche gebracht und eingeleitet durch M.P. Steiner. Mit Zeichnungen von Julien Champagne und späteren Photos sowie mit vier zusätzlichen ganzseitigen Tafeln, davon zwei in Farben. – 2 Bde. In 1 Bd.. – PB, 624 Ss. – ISBN 3-9520787-7-8 — € 50.00.

DER SCHLÜSSEL ZU DEN ZWÖLF SCHLÜSSELN VON BRUDER BASILIUS VALENTINUS ZWEISPRACHIG: Weltweit erste Veröffentlichung des Manuskripts eines unbekannten elsässischen Adepten des Steins der Weisen, verfaßt um ca. 1700: Ein alchemistisch-rosenkreuzerischer Kommentar zu den *Zwölf Schlüsseln der Philosophie* von Basilius Valentinus. – Reich illustriert; mit ausführlichen Anmerkungen und bibliographischen Hinweisen. – TEIL I: Französische Transkription des MS, Text und deutsche Übertragung jeweils parallel auf der Gegenseite. – TEIL II: *Vom Stein der Uralten* und *Zwölf Schlüssel der Philosophie* (ill. 2. Ausg. von 1602). Übers. u. Hrsg.: M.P. Steiner; – Einführung und Anmerkungen: P. Martin. – PB, 348 Ss. – ISBN 3-9520787-4-3. – € 27.00 .

La Clef des Douze Clefs de Frère Basile Valentin : I-ERE PARTIE: Édition princeps d'un manuscrit français inconnu et jamais imprimé avant, du début du XVIII-e siècle, par un Adepte anonyme de la Pierre Philosophale. Transcription du manuscrit original avec sa traduction en Allemand face à face. – II-ERE PARTIE: Texte et planches originaux de la première édition illustrée (de 1602), des *Douze Clefs de la Philosophie* de Basile Valentin; – légendes aux planches et notes en deux langues; transcription du texte original de 1600, conforme à l'édition de 1602. – III-ERE PARTIE: *Énigme de la Pierre Philosophale*, avec la planche symbolique du *Vitriole*, connue et reproduite sans fin depuis 1600, et le texte original l'accompagnant. –Augmenté de quinze planches d'éditions du 17-e et 18-e siècle, reproductions des feuilles de titre des deux premières éditions (1600 et 1602), une introduction et des annotations approfondies, par P. Martin. – 12 planches en couleur, nombreuses illustrations et vignettes. – ISBN 3-9520787-4-3.

VALENTIN WEIGEL: DAS BUCH VOM GEBET
Das ‹*Gebetbüchlein*› von V. Weigel, dem ersten deutschen Theosophen, Vorläufer von Jacob Bœhme und J.G. Gichtel – in heutigem Deutsch herausgegeben nach dem Erstdruck von 1612. Ein Meilenstein der Geistesgeschichte, auf dem Weg zu freiem Denken und Glauben. – Mit einer Einführung und Anmerkungen von P. Martin. – Geb. m. S-Usl.; 152 Seiten, illustriert. – ISBN 3-9520787-5-1. – € 23.00 /.

J.G. GICHTEL: THEOSOPHIA PRACTICA – *Eröffnung und Anweisung der dreyen Principien und Welten im Menschen ...* — Nach der 3. Ausg., o.O. (Amst.?) 1736. – Mit 1 doppelseitigen und 4 einseitigen Farbtafeln des Originals sowie 5 weiteren ganzseitigen, meist farbigen Abbildungen, Titelblatt-Reproduktionen und Vignetten. – Aus dem barocken Deutsch sanft in heutiges Deutsch gebracht und durch P. Martin mit einigen Anmerkungen und mit einer Einleitung versehen, die dieses Buch *zum ersten Mal bibliographisch vollständig und korrekt kommentiert.* – Ppb.; 172 Seiten; – ISBN: 978-3-9523616-0-3; – € 21.00.

AL-GHAZALI: BRIEF AN DEN JÜNGER («AYUHA-'L-WALAD»)
Arabisch und Deutsch jeweils parallel auf der Gegenseite. – Nach der französischen Übersetzung von *Tufiq as-Sabagh*, und mit dem Vorwort von *George H. Scherer*

zur 1. Auflage (mit dem Lebenslauf von *al-Ghazali*; – Beyruth,1951 Deutsch von M.P. Steiner, mit einer kleinen Einführung in Geschichte und Esoterik der Sufi-Philosophie versehen durch P. Martin. Ppb., 124 Ss., 3 Tafeln (1 Porträt von *al-Ghazali*) und 4 Vignetten. – ISBN 3-9520787-9-4 – € 15 / CHF 21.00.

AL-GHAZALI: LETTRE AU DISCIPLE («AYUHA-'L-WALAD»), textes en Arabe et en Français, face à face. – Traduction française: Tufiq as-Sabagh, avant-propos à l'édition princeps par *George H. Scherer* (avec une vitsa de *al-Ghazali*; – Beyruth,1951 Avec une introduction et quelques remarques par P. Martin. PB, illustré. – ISBN 3-9520787-9-4 – € 15 / CHF 21.00.

P. MARTIN: ESOTERISCHE SYMBOLIK *in Alltag, Sprache und Selbsteinweihung.* – Die Elemente der universellen Symbolik und ihre geistige Wirksamkeit, mit Beispielen aus Alchemie, Mythologie, Hermetik und Heraldik sowie aus der heutigen täglichen Gegenwart. Eine Einführung ins selbständige Analysieren fast aller Symbole. – PB., 120 Ss., 28 Farbseiten, 54 Abb. im Text, über 100 Literaturhinweisen, einer Symboltabelle und einem Wortverzeichnis. – ISBN 978-3-9523616-1-0; € 16.00 / CHF 23.00.
Edition française: *Le Symbolisme Ésotérique actuel, au quotidien, dans le langage et pour l'auto-initiation.* – ISBN 9783-9523616-34. – Existe également comme e-Book; or nous recommandons vivement de préférer l'édition imprimée!

LAO-DSE: DAO-DE-GING (TAO-TE-KING) – DIE GNOSIS IM ALTEN CHINA.. (2013) Vollständig neu aus dem Chinesischen ins Deutsche gebracht und kommentiert, mit Anmerkungen von P. Martin. – Die Übersetzung aufgrund dreier ‹Urtexte› berücksichtigt über 30 frühere westliche Übersetzungen in 6 Sprachen, zahlreiche heutige chinesische Übersetzungen und Kommentare sowie Sitten und Gebräuche des 6.- 4. Jh. v.Chr. Sie wurde von chinesischer Seite für gut befunden. Einige Textvarianten werden diskutiert; der Kommentar beleuchtet *drei Ebenen*: Das tägliche Leben von Jedermann – die Lehren an ‹den Weisen›, ob Herrscher, General oder spiritueller Lehrer – und die Ebene des inneren spirituellen Wegs. – Einige seltene, fürs Verständnis hilfreiche Abbildungen zeigen sichere Fakten zu bisher nie gewagten Übertragungen des Texts. – **AUCH ALS ‹e-Book› ERSCHIENEN !**
PB., 352 Ss., mehrere Farbtafeln, Reproduktion des chinesischen Texts in bis zu drei Fassungen. — ISBN 9783-952361689. – € 30.00 / CHF 38.00.

P. MARTIN: LOGEN, ORDEN UND DAS ROSENKREUZ: *Das Rosenkreuzertum in Logen, Orden und initiatischen Gesellschaften, seit Beginn des 16. Jahrhunderts.* – Das genau recherchierte und reich illustrierte Buch zeigt, wie der universale Kern aller spirituellen Lehren oder Überlieferungen, der aus dem Osten kam, im Westen seinen Weg durch die Jahrhunderte fand. Es möchte Mißtrauen vermindern, Kenntnis vermehren und die Leser ermutigen, zum *Grünen* eines wahrlich menschlichen, d.h. *brüderlich bewußten* Miteinanders beizutragen. – PB, 196 Ss., 131 Abb., ein Namens- und ein Abkürzungsverzeichnis. ISBN 97839524262-0-3; € 24.00.

AUSGABE AUF ENGLISCH: LODGES, ORDERS AND THE ROSICROSS: Rosicrucianism in Lodges, Orders and Initiatic Societies since the early 16th century (identical with above in everything but the language, , including pagination). –
Print book: 9783-9524262-58; – E-Book: 9783-9524262-8-9.

CORPUS HERMETICUM, LATEINISCH UND DEUTSCH (2014): Die lateinische Übersetzung aus dem Griechischen durch Marsilio Ficino (1468) nach dem Zweitdruck (Mainz, 1503), jetzt präzis ins Deutsche übersetzt. – Das Corpus Hermeticum – ein Text von poetischer Schönheit und höchster philosophischer Genauigkeit – spannt den Bogen von aristotelischer Elementenlehre bis zur Quantenphysik! – Lat. Facsimile des Drucks und deutscher Text auf gegenüberliegenden Seiten. –Einführung, vertiefende Anmerkungen d. Hrsg., illustriert. – ISBN 0783952426241. – € 22.00.

M.P. STEINER (HRSG.): DAS WEISHEITSBUCH JESUS SIRACH UND DIE PASSION JESU CHRISTI IN DEN HOLZSCHNITT-TAFELN VON BURKHARD MANGOLD. (2014). – Bibliophiler Druck dieses *vorchristlichen Weisheitsbuchs*, mit den Holzschnitten des großen Basler Künstlers, ergänzt um die Serie von ihm selbst handgedruckter, handcolorierter Tafeln mit seinen Handnotizen. – Die Serie *Passion* ist die Krönung von Mangolds Holzschnitt-Kunst. – Einige Farb-Repros seiner Werke. – Einf.. d. Hrsg.. – Kart. m. S-Usl., Format 19.5 x 27.5, 186 Ss. – ISBN 9783952426227. – € 40.00.

M.P. STEINER (HRSG.): JUBILÄUMS-GESAMTAUSGABE 400 JAHRE ROSENKREUZER-MANIFESTE (1614 1615, 1616); ERSCHIENEN 2016 –. Zum ersten Mal alle drei Manifeste in einem Band, mit drei Zusatz-Kapiteln sowie 10 Sendschreiben an die und Antworten aus der RC-Bruderschaft (1612-1618). – Alles sanft in ein heutiges Deutsch gebracht, mit sprachlichen, historischen und philosophischen Anmerkungen. PB 288 Ss.. – Illustriert. – ISBN 9873524262-72. – € 24.00.

COMPENDIUM CREATIONIS: DIE UNIVERSELLE SYMBOLIK DER WASSERMANN-GENESIS, erklärt durch P. Martin. – Mit vier Zusatz-Texten: Warum Eva erschaffen wurde / Kain und Abel im Heute / Eva und Lilith: die Zweite Frau / Vom Wesen des Seins. – Eine ‹neue› Genesis im Licht des neuen Zeitalters des Wassermanns: Universelle Symbolik, moderne Naturwissenschaften und antike Mythen, zu einem umfassenden Bild vereint, vermitteln neue Einsichten ins Wesen des Universums. – PB 14.5x22 cm, 244 Ss., illustriert. – ISBN 9783 -9520787-09. – € 22.00

Englische Version: **COMPENDIUM CREATIONIS: THE UNIVERSAL SYMBOLISM OF AQUARIUS GENESIS** – explained by Pierre Martin. – With four additional texts: Why Eve Was Created; Cain and Abel Today; Eve and Lilith – the Second Woman; About the Essence of Being –a Theory of Ideas **(2018).** – A new Genesis in the light of the new era of Aquarius: Universal Symbolism, modern Science and antique myths united in a comprehensive image offer new insights into the essence of the Universe. –PB, 244 pp., largely illustrated, and with notes by P. Martin.
ISBN 9873-907-103029. € 22.00.

Aus dem geistigen Erbe der Essener – Evangelium des Friedens und Buch der Schöpfung – Drei englische Texte von E. Bordeaux-Székély ins Deutsche gebracht.
ISBN 9783907-103005. – Basel, Edition Oriflamme, 2018.

J. Bœhme, *La Cravache du Traqueur brisée – Une anthologie.* Basel, Edition Oriflamme, 2004.

P. Martin, *Logen, Orden und das Rosenkreuz: Das Rosenkreuzertum in Logen, Orden und initiatischen Gesellschaften seit Beginn des 16. Jahrhunderts. – Illustriert.* 192 Seiten. – ISBN 9783-952426 203. – Basel, Edition Oriflamme 2014.

Englische Version: *Lodges, Orders and the Rosicross. – Rosicrucianism in Lodges, Orders and Initiatic Societies since the early 16th century.* – 192 pp., illustrated.
ISBN 9783-952426-258. – Basel, Edition Oriflamme, 2015.